AF568773

Stefanie Bisping

Lesereise Obere Adria

Stefanie Bisping

Lesereise Obere Adria

Das Spiel des Lichts in der Lagune

Picus Verlag Wien

für Julius

Copyright © 2024 Picus Verlag Ges.m.b.H., Wien
Alle Rechte vorbehalten
Grafische Gestaltung: Dorothea Löcker, Wien
Umschlagabbildung:
© Nikolay N. Antonov / Adobe Stock
Druck und Verarbeitung:
EuroPB, s.r.o., Tschechische Republik
ISBN 978-3-7117-1120-5

Informationen über das aktuelle Programm
des Picus Verlags und Veranstaltungen unter
www.picus.at

Inhalt

Mit achtzehn
Ein Gepard am Strand und ein Verbrecher im Bergdorf: Der Weg an die Obere Adria 9

Zwischen den Inseln steht die Zeit
Einst führten Fischer in der Lagune von Grado ein karges Leben. Heute ist sie Naturschutzgebiet und Standort eines Museums für Pier Paolo Pasolini 13

Der Sommer duftet nach Pinien
Eine Liebe fürs Leben: Warum die Obere Adria für Kinder unwiderstehlich ist 20

Süße Sünden im Römerhafen
Antike Ruinen und ein frühchristliches Fußbodenmosaik machen Aquileia zum lohnenden Ziel. Auch Schokoladenfans können sich auf einiges gefasst machen 29

Die Seele bleibt am Mittelmeer
James Joyce schätzte Triest, weil es hier liberaler zuging als in Irland. Alles sollte die Hafenstadt dem trinkfreudigen Genie aber auch nicht durchgehen lassen 35

Hemingway fischt hier nicht mehr
Nahe seiner Mündung in die Adria liegen bunte Hausboote auf dem Tagliamento. Die Gäste teilen sich die Ruhe auf dem Wasser mit Reihern, Enten und Fröschen 46

Geheimnisse der Lagune
Bibione zählt zu den beliebtesten Badeorten der Oberen Adria. Heute setzt die Halbinsel mit Biosphärenreservat und Fahrradflotten auf Nachhaltigkeit und Natur 53

Tiramisu zum Frühstück, Prosecco jederzeit
Treviso liegt auf dem Festland, besitzt aber wie Venedig Kanäle, Brücken – und bietet zahlreiche kulinarische Genüsse 57

Die Lehrerin hat vier Köche
Bei Venedig liegt ein Riesenschiff: Sprachliche Urlaubsvorbereitung mit dem Smartphone 64

Ein Sonnenplatz im Schatten Venedigs
Cavallino-Treporti ist für Campingplätze und zwölf Kilometer Strand bekannt. Doch auch für Radler und Naturliebhaber besitzt die Halbinsel besonderen Reiz 67

Pasta unterm Glockenturm
Immer zog es Amerikaner nach Venedig. Auch Ezra Pound, Ernest Hemingway, Peggy Guggenheim und Donna Leon erlagen dem Zauber der Stadt 77

Nicht ohne meine Maske
Einst versteckten sich Venezianer hinter ihren Masken vor Gläubigern. Kostüme, Masken und Roben sind hier aber noch immer zu finden – nicht nur im Karneval 87

Sieben Strände, dreizehn Inseln, noch mehr Aal
Das Po-Delta und die Lagunen von Comacchio bilden eine kaum berührte Naturlandschaft mit faszinierendem Kulturerbe. Am besten lässt sie sich per Rad erkunden 93

Da Vincis Hafen
Cesenatico ist ein Epizentrum adriatischen Badelebens und zugleich im Herzen ein Fischerdorf mit Geschichte geblieben .. 101

Mosaiken und Meeresrauschen
Besuch bei Dante: Zwischen Ravenna und Milano Marittima verbindet sich Strandleben mit Kulturgenuss 111

Das Bad der Frauen
Zwei Schwestern und ihre beste Freundin sind die ersten weiblichen Strandbadbetreiber im ewig jungen Rimini 119

Lasst ab vom Strand
Federico Fellini, der große Sohn Riminis, hat in seiner Heimat ein multimediales Museum erhalten. Tatsächlich ist die ganze Stadt eine Fellini-Gedenkstätte 126

Mit achtzehn

Ein Gepard am Strand und ein Verbrecher im Bergdorf: Der Weg an die Obere Adria

Es war keine Liebe auf den ersten Blick. Den Strand, weniger breit, als ich mir eine adriatische Urlaubskulisse vorgestellt hatte, bedeckten Liegen, Stühle und Sonnenschirme nahezu lückenlos. Das Meer war jenseits der dichten Bestuhlung nur zu erahnen, die Bebauung im Rücken näher als erhofft. Die Titel der Bücher, die in der Nachbarschaft gelesen wurden, waren deutlich zu erkennen. Auf dem Weg ins Wasser musste man aufpassen, sich nicht die Schienbeine an fremdem Mobiliar zu stoßen. Das war also *dolce vita* an der Adria. Genauer gesagt: in Misano Adriatico.

Wehmütig dachte ich an den südfranzösischen Plage de Pampelonne zwischen Ramatuelle und Saint-Tropez, wo diese Reise begonnen hatte. Goldener Sandstrand, an dem jeder seine Handtücher ausbreiten konnte, statt straff organisierter Strandbadarchitektur. Ein Gefühl von Freiheit und Weite, vergoldet von einem Schuss Glamour. Der Strand meiner Kindheit. Und der meines Lebens, so dachte ich. Dennoch hatte ich zugestimmt, die Reise in Italien fortzusetzen. Denn dort lagen die Kindheitsstrände meines Freundes, einer in der Toskana, die meisten an der Adria. Also machten wir uns, achtzehn- und neunzehnjährig, auf den Weg. Nach einer kurzen, im geparkten Auto in Monaco verbrachten Nacht querten wir die Grenze, aßen *spaghetti* in Ventimiglia und bohrten bald am winzigen Strand von Alassio die Zehen in den Sand. Abends saßen wir in einer Hollywoodschaukel auf der Promenade und tranken Campari. Ich erfuhr, was es mit dem *coperto* in Restaurants auf sich hatte, mit dem man sich Brot, Grissini und Besteck erkaufte, und lernte, dass am Spülsaum auch in Italien jeder gebührenfrei Handtuch oder Strandmatte ausrollen durfte.

Weiter ging es nach Forte dei Marmi, wo immerhin ein deutlich breiterer Strand auf uns wartete als in Alassio. Auch in diesem eleganten Badeort standen die Liegen akkurat nebeneinander aufgereiht, allerdings recht luftig. Das war auch gut so, hatte doch eine italienische Familie, die in der Nähe ein halbes Dutzend Liegen belegte, einen jungen Geparden dabei. Angeleint zwar, aber ein wenig Distanz schien dennoch erstrebenswert. Es waren noch die Achtziger, das Halten exotischer Tiere im Haus und am Strand ging als exzentrisch durch, ohne die Gemüter von Tierschützern zu erregen. Morgens deckten wir uns im *alimentari* mit Salami, Parmaschinken und Mozzarella fürs Frühstück ein, abends saßen wir in einer Pizzeria unter Bäumen und aßen hauchdünne, wagenradgroße Pizzen. Doch das Beste, frohlockte mein Freund, lag ja immer noch vor uns: die Adria. Wir bauten das Zelt ab, verstauten unseren Hausstand im Kofferraum, ließen die toskanische Küste hinter uns, hielten kurz in Florenz am Ufer des Arno und trieben den staubbedeckten Fiat Panda über den Apennin. Die teuren italienischen Autobahnen mieden wir und folgten steilen Serpentinen. In der Bar eines einsamen Bergdorfs hielten wir an, um uns mit *caffè* und *panini* zu stärken. An der Wand vermeldete ein dröhnender Fernseher den Tod von Rudolf Heß. Wir senkten die Stimmen, um nicht mit dem teuflischen Toten im Berliner Kriegsverbrecherknast assoziiert zu werden. Dann fuhren wir weiter durch finsteren Wald, bis mitten im Gebirge ein Wegweiser im Scheinwerferlicht aufleuchtete: »Rimini«, stand darauf.

Und nun waren wir an der Adria. Das war also das Kindheitsglück, Sand, Sonne, Fußball am Strand, piepsende Spielautomaten, neue Freunde, frittierte Tintenfischringe, lange Abende in der Stadt. Ich sah nur einen Wald aus Stühlen. Am liebsten wäre ich sofort zurück nach Frankreich gefahren. Zu weit. Doch hier schien es mir beklemmend eng. Wir beschlossen, die Küste nach Norden hinaufzufahren, anderen Kindheitsstränden entgegen, wo die Reihen der Sonnenschirme womöglich lichter wären. An einem Straßenrand stellten wir unterwegs den Panda ab und nahmen ein Boot nach Venedig. Auf der Piazza San Marco nahmen wir im Café Platz und bestellten *cappuccino*, der umgerechnet zehn Mark pro Tasse kostete. Trotzdem: Das hier konnte sich durchaus sehen lassen. Paläste, Marmor, Brücken, Kanäle – eine geradezu märchenhafte Szenerie mitten im trubeligen, schweißtreibenden August.

Im weiteren Verlauf dieses ersten italienischen Küstenurlaubs, in dem die Zeit keine Rolle spielte, sich vielmehr ein Tag an den anderen reihte, ohne dass ein Urlaubsende aufs Gemüt drückte, fand ich an der Grenze der Regionen Veneto und Friaul-Julisch Venetien meinen oberadriatischen Glücksort. Ganz anders als Saint-Tropez, aber ein hübsches Städtchen mit breitem Strand, das freundliche Heiterkeit ausstrahlte. Später sollte ich auch andere Adriastrände schätzen lernen. Liegen, Schatten spendende Schirme und Duschen alle dreißig Meter bedeuten schließlich auch Annehmlichkeiten, an die man sich leicht gewöhnt. Duftende Pinien, verträumte Lagunen, Fischerdörfer, seit der Zeit der Römer bewohnte Städte und ein hoch entwickelter Lebensstil machen diese Seite des Stiefels für mich noch heute, da ich längst dem ganzen Land verfallen bin, zum Inbegriff des Urlaubsglücks.

Zwischen den Inseln steht die Zeit

Einst führten Fischer in der Lagune von Grado ein karges Leben. Heute ist sie Naturschutzgebiet und Standort eines Museums für Pier Paolo Pasolini

Nie erklang der Sopran der Sängerin in der Lagune von Grado. Dabei verbrachte Maria Callas während der Dreharbeiten zu »Medea« im Sommer 1969 mehrere Wochen in der Inselwelt im äußersten Nordosten der Adria. Vierzehn Leinwandminuten entstanden, während die Crew in Grado im Hotel Argentina logierte und morgens das Städtchen in Richtung der winzigen Mota Safon verließ – Inseln werden hier *mota* genannt, *barene* die flachen Streifen Land, die aus dem Wasser ragen. Die Mota Safon spielte im Film, der recht frei der Tragödie des Euripides folgt, die Heimat des Zentauren Cheiron. Regisseur Pier Paolo Pasolini hatte das Inselchen beim Segeln mit einem Freund entdeckt, dem Maler und Autor Giuseppe Zigaina. Sofort identifizierte er es als ideale Kulisse nicht für einen Ort, sondern eine Epoche: die Antike.

Abends schwelgten die Ensemblemitglieder in *Boreto al graisana*, einer lokalen Spezialität, für die Fischer einst weniger edle Teile ihres Fanges verwendeten, dessen Geschmack Essig, Knoblauch und reichlich Pfeffer gnädig ummantelten.

Dazu gab es Polenta. Für die verwöhnten Filmleute durften es auch Aal, Seeteufel oder Taschenkrebse sein. So nahm ein weiterer Arbeitstag, in dessen Verlauf man zumeist mit Fruchtbarkeitsriten, Zerstückelung und Rache zu tun hatte, ein versöhnliches Ende.

Dem Produzenten Franco Rossellini und Pasolini war gelungen, was andere vergeblich versucht hatten – Maria Callas zu ihrem Leinwanddebüt zu bewegen. Zuvor hatte sie mit dem Werk des Regisseurs so wenig anfangen können wie mit seinen politischen Überzeugungen. Doch trotz Hitze, Mücken und eines kolportierten Zusammenbruchs der Diva an einem drückenden Julitag war das Einvernehmen immerhin so groß, dass Pasolini seinem Star einen Ring schenkte. Dies sollte indessen keine eherechtlichen Folgen zeitigen.

Auf Mota Safon sind die Erinnerungen an diese Sommertage auch mehr als fünfzig Jahre später noch frisch. »Dies ist die Insel, auf der Pier Paolo Pasolini den Film ›Medea‹ drehte«, sagt Giorgetto Guzzon, Präsident des Gradeser Kulturvereins Graisani de Palù mit stillem Stolz. Vor ihm liegt Wasser, hinter ihm ein *cason*, ein Häuschen mit Schilfdach. Kaum ragt es über die Baumkronen. Kurz hinter dem *cason* funkelt wiederum Wasser. Mota Safon ist nur ein Flecken in der von rund dreißig Inseln und noch viel mehr Sandbänken gespickten Lagune von Grado im äußersten Nordosten Italiens. Sie ist Schutzgebiet und eines der am besten erhaltenen Feuchtgebiete im Mittelmeerraum. Neunzig Quadratkilometer misst es, zusammen mit der anschließenden Lagune von Marano umfasst das Gebiet sogar hundertsechzig Quadratkilometer Lebensraum für Fauna und Flora. Menschen hingegen müssen sich anpassen: Hochwasser schwappt in der Landschaft aus Wasserflächen, Kanälen, Sumpf und Land leicht bis an die Fensterbretter der *casoni*.

Guzzon öffnet die Tür zum Ein-Zimmer-Museum. Auf Schwarz-Weiß-Fotos an den Wänden sind Pasolini, Callas und Kollegen bei den Dreharbeiten auf dem Inselchen und bei abendlichen Gelagen zu sehen. Auf einem Tisch in der Ecke ist ein Pasolini-Schrein entstanden. Ein Album bewahrt Fotos und Zeitungsausschnitte, darüber hängen Porträts des Regisseurs. Alles, was noch mit den Drehtagen von einst verbindet, ist in diesem Fünfzig-Quadratmeter-Museum zusammengetragen – und dazu Angelutensilien, Öllampen, ein aus Treibholz gefertigtes Kruzifix mit einer Muschel als Heiligenschein des Gekreuzigten, ein ausgestopfter Fasan, Grappaflaschen und eine Amphore, die bei niedrigem Wasser zutage trat. Fotos aus den zwanziger Jahren dokumentieren das Leben der Lagunenfischer, die ihre Hütten nach jedem schweren Sturm neu bauen mussten. An Weihnachten, Ostern und zur Wallfahrt nach Barbano tauschten sie die Fischerkleidung gegen einen schwarzen Anzug, ein weißes Hemd, Krawatte und Hut.

»Wir wollen das Erbe bewahren und die Lagune als Lebens- und Kulturraum bekannter machen«, erklärt Giorgetto Guzzon. Lange schon hatten sie die Reste der Schilfhütten in solide Häuschen verwandelt und das größere mit Tischen, Bänken, Erinnerungsstücken und Fotos an den Wänden liebevoll ausstaffiert, halb Vereinsheim, halb Heimat- und Filmmuseum. Schließlich entstand die Idee, es der Öffentlichkeit mittels organisierter Bootstouren zugänglich zu machen. 2019, fünfzig Jahre nach der Premiere von »Medea«, kamen die ersten Gäste. Dann kam die Covid-19-Pandemie, und die eben ins Leben gerufenen Touren mussten erst einmal ausgesetzt werden. Doch schon im zweiten Corona-Sommer wurden sie unter gewissenhaften Sicherheitsvorkehrungen wieder aufgenommen.

Ein Gast war indessen schon vorher erschienen, und es war nicht sein erster Besuch: Ninetto Davoli, ein Lieblingsdarsteller Pasolinis, kehrte an den Drehort zurück. »Er war ziemlich beeindruckt«, so Guzzon. »Damals waren die Hütten ja ganz einfach.« Die Vereinsmitglieder hatten das Material einer alten Brücke hergebracht, um die Häuschen zu bauen. Alles andere aber sei kaum verändert gewesen. »Die Ruhe, das Gefühl, in einer anderen Welt zu sein, das ist ja alles noch da«, so Guzzon. Ninetto Davoli, Star vieler Pasolini-Filme, hatte seinerzeit einen Teil seiner Militärzeit im nahen Triest verbracht und daher keine Rolle übernehmen können. Doch er stahl sich oft genug an den Set, um als lokaler Assistent Pasolinis in die Geschichte von »Medea« einzugehen.

Zu Lebzeiten wurde der 1922 geborene Pasolini, der im friaulischen Dorf Casarsa unvergessliche Kindheitsferien bei den Großeltern und weitere prägende Jahre als junger Lehrer verbrachte, nicht von allen verehrt. Ein kritischer Geist, kommunistische Gesinnung und offen gelebte Homosexualität bedeuteten in den sechziger und siebziger Jahren nicht nur in Italien schweres Gepäck. Als Publizist behandelte Pasolini dazu heikle Themen wie illegale Machenschaften von Unternehmen und organisiertes Verbrechen. Am 2. November 1975 wurde er in Ostia ermordet aufgefunden. Sein mutmaßlicher Mörder wurde verurteilt, doch Umstände, Motiv und Täterschaft nie wirklich geklärt – zumal der Verurteilte später sein Geständnis erst neu formulierte und im Auftrag gehandelt haben wollte, es später komplett zurückzog und sich im Jahr 2017 durch Ableben weiteren Nachforschungen entzog.

Auf Mota Safon und in Grado steht Pier Paolo Pasolini bis heute in höchstem Ansehen. Der Mittsiebziger Guzzon, der bis zu seiner Pensionierung als Stadtgärtner tätig war, und seine Vorstandskollegen treffen sich regelmäßig, um die Insel in Ordnung zu halten, nach Hochwasser aufzuräumen und immer wieder auch ein Festmahl zuzubereiten, wie es auch Ninetto Davoli mit den sehr rüstigen Herren einnahm. Dann gibt es Salami und Schinken, Muscheln, *Spaghetti Faso-*

lari mit in Knoblauch marinierten Muscheln und zum Abschluss einen Santonego, einen Grappa auf Basis von Strandbeifuß. Die meisten von ihnen waren um die zwanzig, als Pasolini die Lagune zum Drehort erkor. Seither mag viel Wasser in die Adria geflossen sein, doch einiges ist geblieben, wie es war: das Funkeln des Meeres im Morgenlicht, die Stimmen der Wasservögel, das vernehmliche Summen der Mücken.

Anderes muss erzählt werden, um zu überdauern. Dafür sind die Herren aus dem Vorstand da. Meist stehen zwei Schilfhütten auf einer Insel; in einer wohnte man, die andere diente als Werkstatt und Materialschuppen, erklärt Oscar, der als Kraftfahrer häufig in Deutschland unterwegs war und sein Deutsch nicht vergessen hat. Eine Hütte ist so erhalten, wie sie die letzten Bewohner, eine Familie mit drei Kindern, zurückließen: eine winzige Wohnung, wenige Schritte vom Wasser entfernt.

Nur eine Handvoll der Inseln in der Lagune ist noch bewohnt. Auch die Inselschule, die einst auf Anfora im Westen der Lagune auf Geheiß der Kaiserin Maria Theresia für die Kinder der Fischer eingerichtet wurde, ist längst zur Pension umfunktioniert worden. Die meisten Inselchen befinden sich heute im Besitz der Gemeinde Grado, ihre Nutzung wird über Ausschreibungen vergeben. Fischerfamilien und ihre Nachkommen haben dabei Vorrang. Denn die *casoni* sind heute als Wochenendsitze äußerst begehrt. »In der Lagune steht die Zeit still«, weiß Thomas Soyer, Hotelier in Grado und langjähriger Präsident des örtlichen Tourismusverbands. Nach über dreißig Jahren auf der Insel fühlt und lebt der gebürtige Kärntner eher adriatisch als alpin. Oft nehme er sich vor, nach einer Spritztour mit dem Boot am Nachmittag zurück in der Stadt zu sein, doch dann vergesse er in der Ruhe auf dem Wasser die Zeit.

Pasolini irrte nicht, als er die Landschaft im Altertum verortete. Grado begann seine Existenz in der Antike als Hafen des nahen Aquileia, mit dem die Insel – wie heute – durch eine Straße verbunden war. Allerdings liegt die Route von einst nun größtenteils unter Wasser. Auf der Insel Barbana, noch immer ein wichtiges, gleichwohl katholisches Wallfahrtsziel, befand sich schon zur Römerzeit ein Heiligtum. Für seinen Stoff hätte Pasolini kaum eine bessere Kulisse finden können als eine Landschaft, in der Niedrigwasser vergangene Jahrtausende freilegt und nur die Form von Inseln und der Verlauf von Kanälen der Veränderungen durch die Zeit unterworfen scheint. So ist auch das Restaurant auf Anfora, in dem Callas und Pasolini gerne tafelten, noch immer da. Nur das schöne alte Kino Cristallo in Grado, in dem »Medea« einst gezeigt wurde und das Pasolini später zum Schauplatz eines alternativen Filmfestivals machte, hat seine Türen für immer geschlossen.

Der Sommer duftet nach Pinien

Eine Liebe fürs Leben: Warum die Obere Adria für Kinder unwiderstehlich ist

Schon am Nachmittag wurden die Sonnenschirme zugeklappt und der Strand rot beflaggt. Abends war es warm und sehr windig. In der Altstadt Grados, die in goldgelbem Laternenlicht unter schwarzem Himmel lag, waren wie immer Flaneure und Musiker unterwegs, die Tische der Restaurants im Freien eingedeckt. Aus der Basilika der heiligen Eugenia drang Musik. In den Kirchenbänken fächelten Damen sich Luft zu, im Altarraum spielten in historische Kostüme gewandete Streicher. Zuhörer kamen und gingen. Auch uns wehte ein Windstoß in die Kirche. Bei Bach begannen Blitze am Himmel zu zucken, in die Musik mischte sich Donnern, dann das Rauschen von Regen. Als wir die Basilika verließen, war der Spuk vorbei. In den Straßen stehen große Pfützen. Nur über der Adria leuchten noch Blitze. Dafür sind die Laternen alle erloschen. In völliger Finsternis tasten wir uns zu unserem Hotel an der Spitze der Landzunge.

Unser Sohn, der Unwetterlagen eigentlich gar nicht schätzt, findet unsere Nachtwanderung erstaunlicherweise spannend. Wie eigentlich alles, was wir erlebt haben, seit wir über schnurgerade Landstraßen den Damm erreichten, der uns nach Grado führte. Das Kind rekapituliert, wie wir am ersten Morgen Fußball und ein Arsenal an Wasserpistolen holen wollten und die Autotüren nicht mehr aufgingen; wie der Techniker des Hotels Papa half, den scheintoten Wagen anzuwerfen; wie Papa dann eine Werkstatt suchte und schließlich in der Via Che Guevara – lustiger Name! – in Aquileia eine neue Batterie bekam. Wie wir später das fabelhafte Schwimmbad in der obersten Etage unseres Hotels entdeckten, durch dessen Fenster man die Ziegeldächer Grados und die Lagune betrachten und auf der einen Seite Lignano, auf der anderen Triest erahnen konnte. So nahe am Meer zu sein, ist einfach toll.

Am schönsten aber ist die Gleichförmigkeit, mit der die Tage verstreichen: morgens schlafen, bis das Geschrei der Mittelmeermöwen nicht länger zu ignorieren ist. Nach dem Frühstück mit einem Netz voller Bälle und Wasserspielzeug an den Strand gehen, wo das Meer noch wild ist nach dem Unwetter des Vorabends, doch der Himmel schon wieder wolkenlos und strahlend blau. Die folgenden Stunden überwiegend im Wasser verbringen, unterbrochen von gelegentlichen elterlich verordneten Pausen im Schatten, die die intensive Lektüre von »Harry Potter« erträglich macht. Bis der Ruf *»Coco bello!«* die Ankunft des Mannes mit dem Eimer voller Kokosnussstücke anzeigt. Dann muss man von Schatten zu Schatten springen, um sich nicht die Fußsohlen zu verbrennen, und kann bei ihm für zwei Euro ein köstliches Stück Kokosnuss kaufen. Abends Nudeln und gegrillten Fisch essen und ein bisschen durch die Stadt sausen. Das finden die Eltern wichtig, deren Wunsch nach Abwechslung überhaupt nach Grado geführt hat. Dem Knaben hätte es genügt, die ganzen Ferien im benachbarten Lignano zu verbringen. So teilen wir unsere Zeit zwischen den beiden Orten.

Grado ist aber wirklich auch sehr schön, lobt das Kind: Der Strand nicht ganz so perfekt wie in Lignano, aber auch groß und das Wasser warm. Tatsächlich sind die hundertzwanzigtausend Quadratmeter Strandfläche Grados als Einzige an der Adria gänzlich nach Süden ausgerichtet, sodass noch im Herbst kein Abschnitt im Schatten liegt. Aber das ist jetzt im Sommer nebensächlich. Spannend sind auch Grados Sträßchen, in denen abends immer so viel los ist – festgelegte Schlafenszeiten scheinen unbekannt zu sein –, und die Plätze, auf denen abends Musiker spielen. An einer Straße steht sogar der leibhaftige Batman, mit dem Kinder sich fotografieren lassen dürfen.

Mitten im Ort liegt ein malerischer Hafen; dort ist auch das Restaurant der Fischerkooperative, auf das die Eltern ganz versessen sind. Hier steigen wir eines Morgens in ein Motorboot, um die Lagune zu erkunden. Vögel sehen wir und winzige Inselchen. Über hundert sind es insgesamt, sie machen die Lagune zu einem einzigartigen Naturraum. Manche sind unbewohnt, auf anderen steht nur ein Haus oder ein paar aus Pfählen, Schilfrohr und Stroh gebaute Fischerhütten. Kurz vor der Hafeneinfahrt ragt ein Wegweiser aus dem Wasser: »Lignano«, ist dort in großen Buchstaben zu lesen. »Am liebsten würde ich jetzt sofort mit dem Boot da hinfahren«, erklärt das Kind. Wir denken an unser Auto und nehmen den Landweg.

Lignano, eine Halbinsel zwischen der Lagune von Marano und der Adria, kommt ohne historische Bedeutungsschwere aus, wenn man davon absieht, dass Generationen von Deutschen und Österreichern hier zum ersten Mal das Mittelmeer gesehen haben. Zwar gab es im heutigen Pineta bereits im 16. Jahrhundert ein Kirchlein und zwei Häuser, doch war der größte Teil der Halbinsel von Pinien, Akazien, Tamarisken und Heide so dicht bewachsen, dass sich außer Tieren – Füchsen, Fasanen, Hasen, Küstenvögeln und jeder Menge Mücken – kaum jemand in dieser Wildnis blicken ließ. Auch die Küstengewässer gehörten überwiegend der reichen Meeresfauna, da sie für Schiffe zu flach waren. Nur ein paar Fischer aus Marano kamen gelegentlich hierher und übernachteten in einer Handvoll *casoni*. Der Frieden endete im Juni 1953, als eine Gruppe miteinander befreundeter Investoren unter Leitung von Marcello D'Olivo den Plan fasste, in Pineta ein Feriendorf anzulegen, und einen ersten Pfad durchs Dickicht schlagen ließ. Eine Sternstunde kam mit dem werbewirksamen Besuch des prominenten Italienreisenden Ernest Hemingway nur ein knappes Jahr später. Er nannte den jungen Ort des Strandes und der Lagune wegen liebevoll sein »kleines Florida«. Zum Dank für diesen unbezahlbaren Slogan durfte der weltberühmte Schriftsteller seinen Namen später auch dem Stadtpark von Pineta leihen. Zuvor hatte man ihm bereits an Ort und Stelle eine Parzelle Land geschenkt, auf der er sich ein friaulisches Ferienhaus bauen sollte. Bedauerlicherweise kam es nie dazu, sonst hätte Lignano sich in eine Reihe mit Kuba, Key West und Ketchum stellen können. Doch auf dem Bauplan des Badeorts, der heute eine Tafel im Zentrum Pinetas schmückt, ist Hemingways Land eingezeichnet.

Dieser gerade mal siebzig Jahre alte Stadtteil Pineta ist unsere Wahlheimat vieler Sommer. Die Pinien, die dem Ort den Namen gegeben haben, tarnen Hotels und Ferienhäuser, die hier ohnehin nicht hoch geraten sind. Herzstück Pinetas ist die zum Strand führende doppelte Hauptstraße, in deren Mitte sich eine Reihe von beiden Seiten begehbarer Geschäfte, Restaurants und Bars befindet. Auf der einen Seite heißt die Straße Raggio dello Scirocco, auf der anderen Raggio dell'Ostro; von ihrem Beginn windet sich die Straße Arco dell'Erica in Form einer Spirale und unter regelmäßigen Namensänderungen nach außen. Die jeweils um die tausend Quadratmeter großen Grundstücke Pinetas sind am Halbrund dieser Straßenführung angeordnet. Nur ein Fünftel der

Pinien sollte weichen müssen, die Bebauung sich zwischen den Pinien wie in einem großen Park verstecken.

Die ungewöhnliche Stadtarchitektur, entworfen vom mit Unternehmungsgeist und Kreativität reich gesegneten Marcello D'Olivo, faszinierte schon den Vater, der hier als Kind sein Ferientaschengeld in Flipper- und Pacman-Spielautomaten einspeiste. So sehr beeindruckten ihn die Kindheitssommer in Lignano, dass er später auch die Mutter herbrachte. Die von Generation zu Generation weitergegebene Liebe zum Adria-Urlaub ist bekanntlich ein weit verbreitetes Phänomen.

Für das Kind ist unsere persönliche Historie nicht der geringste Reiz Lignanos. Auch diesmal schlendern wir am ersten Abend durch den Ort, laufen ein Stück über die Promenade und vergewissern uns vergangener Stationen: Da drüben ist die Ferienwohnung, die einst Oma und Opa mieteten und in der Einbrecher am hellen Tag Opas Ehering klauten; da das Haus, aus dessen schmaler Einfahrt Papa als Achtzehnjähriger Opas Mercedes steuerte und eine Delle in die Tür fuhr; in dieser Seitenstraße liegt das kleine Hotel, in dem wir – fantastisches Highlight unseres Sommerurlaubs 2014 – Fußballweltmeister wurden.

Gleich bei der Anreise hatten wir uns, beschwert von der Last der Angst vor Messi und seinen Mannen, verzagt erkundigt, wo wir denn am Abend das Finale würden schauen können.

»In Ihrem Zimmer«, erklärte unsere österreichische Wirtin im Schatten des großen Flachbildschirmfernsehers in ihrer Lobby.

Und wirklich hing in unserem Domizil, ähnlich wie in einem Krankenhauszimmer, ein zweckmäßiger kleiner Bildschirm gleich unter der Decke. Die Blicke auf das Gerät geheftet, hauchten wir unseren Jubel später in die Stille der unbewegten Nacht. Als Vater und Sohn am anderen Morgen eine Runde durch Pineta drehten, um der druckfrischen Sportberichterstattung habhaft zu werden, hatten sich die Preise für gefälschte DFB-Trikots von Schweinsteiger, Müller, Neuer, Hummels, Boateng, Özil und Götze in den Geschäften über Nacht verdoppelt; eine anschauliche Einführung in die Gesetze der freien Marktwirtschaft. Im Verlauf eines unvergesslich süßen Strandtags pflügten wir uns durch jedes Blatt und saugten alle Details darüber auf, wie Fußballgott Bastian Schweinsteiger von den Toten auferstand, als er nach der Versorgung der Platzwunde unter seinem Auge sah, dass Kevin Großkreutz sich bereits an der Seitenlinie fürs Einwechseln warmlief *(Süddeutsche)*, und wie Mario Götze schließlich mit seinem Schurkenstückchen in der Verlängerung Unsterblichkeit erlangte.

Lignano beweist, dass Abwechslung im Urlaub jenseits solcher transformativen Erfahrungen überbewertet wird. Alles ist wie immer, und das ist schön. Den Abstecher in den ältesten Stadtteil Sabbiadoro, der uns mit seinem Betonsteg ins

Meer, den eng gestellten Liegestühlen und den vielen Geschäften zu trubelig ist, und den Ausflug ins Fischerdorf Marano Lagunare sparen wir uns für bedeckte Tage auf, die in diesem Sommer nicht kommen. Jeden Morgen legen wir im Auto Edoardo Bennato oder Adriano Celentano ein und fahren nach Riviera hinüber. Im westlichsten und ruhigsten Teil Lignanos, kurz vor der Mündung des Tagliamento in die Adria, ist der Strand besonders breit und dazu nur sparsam beschirmt. Keine Musik dröhnt, stattdessen singen Zikaden. »So klingt der Sommer in Lignano«, erklärt uns das Kind, »und er riecht nach Pinien.« Denn auch hier reichen die duftenden Nadelbäume bis an den Strand.

Langsam steigt die Temperaturanzeige an der Cafeteria, bis sie am Nachmittag bei vierunddreißig Grad erschöpft Halt macht. Wir beobachten, wie die Italiener zur Mittagszeit verschwinden, um sich zu stärken und in Zimmer oder Garten zu rasten. Wir bleiben und schieben unsere Liegen dem Schatten folgend um den Sonnenschirm. Es ist die einzige Anstrengung. Das Kind planscht und liest. Wenn der Sand wieder kühl genug für nackte Füße ist, spielen wir Fußball oder Boccia. Auf dem Rückweg vom Strand halten wir an unserem Lieblingsrestaurant. Claudio, der reizende Chef, erkennt uns von Sommer zu Sommer wieder. Das Kind bestellt *Pizza Margherita*, die Eltern gegrillten Tintenfisch. Später am Abend mieten wir ein *quadricicli*, ein Fahrrad mit Dach und vier Rädern, und fahren durch die dunklen, nach Pinien duftenden Straßen. Manchmal spielen wir eine Runde Minigolf unter Pinien. Es könnte immer so weitergehen. Nächstes Jahr, überlegen wir, bleiben wir länger.

Süße Sünden im Römerhafen

Antike Ruinen und ein frühchristliches Fußbodenmosaik machen Aquileia zum lohnenden Ziel. Auch Schokoladenfans können sich auf einiges gefasst machen

Schwer und verführerisch ist der Schokoladenduft, wie eine süße Wolke liegt er über der kleinen, einen Steinwurf von Aquileias Basilika entfernten Manufaktur Cocambo.

»*Sì*«, erklärt hier Elisabetta Fontana mit Nachdruck: »Ich esse jeden Tag Schokolade.« Anzusehen ist es der gertenschlanken Laborleiterin der Schokoladenmanufaktur nicht. Allerdings treibt sie eher professionelles Interesse als die schlichte Lust am Süßen an die Schokoladentöpfe. »Das Probieren ist auch für mich ein Erlebnis. Ich möchte erfahren, wie sich der Geschmack entwickelt und verändert: bei Regen, bei kühlem Wetter, unter unterschiedlichen Bedingungen.« Schokolade ist für sie viel mehr als nur ihr Job. »Ich habe früher in einem Restaurant mit Michelin-Stern gearbeitet, da konnte ich Süßspeisen und Desserts nicht leiden«, gesteht die gelernte Köchin. »Mit der Schokolade ist es anders. Es gibt Rezepte, aber man kann auch mit den Zutaten spielen. Deshalb habe ich mich in diese Welt verliebt.«

Das ist nicht schwierig, wenn man nur die geringste Schwäche für Schokolade hat. Im Jahr 2018 wurde aus der in diesen Mauern ansässigen Bäckerei die erste und bislang einzige Schokoladenfabrik in Friaul-Julisch Venetien, in der von der Biokakaobohne bis zur fertigen Praline alle Produktionsschritte an Ort und Stelle vollzogen werden. Dahinter steckt Piero Zerbin, Konditormeister aus Aquileia, dem mehr vorschwebte als Brot und Kuchen: In Bioqualität und möglichst fair gehandelte Rohstoffe wollte er mit Liebe und viel Know-how verarbeiten und zur Basis eines Gesamtkunstwerks machen: Cocambo. Lehrreich sollte es außerdem sein, da hier Wissen über beide Bohnen, Kakao und Kaffee, bewahrt und weitergegeben wird: Bei Führungen können Schokoladenfans zuschauen, wie die köstlichen Kalorienbomben hergestellt werden, und sie auch gleich verkosten.

Trotz der verlockenden Düfte und Aromen kommen die meisten Menschen nicht wegen der Schokolade nach Aquileia – oder zumindest nicht in erster Linie. Vielmehr locken sie die Spuren der Antike. Zur Zeit des Römischen Reiches war Aquileia Weltstadt und Handelsmetropole. Bald nach der Zeitenwende soll der Evangelist Markus hier die christliche Botschaft verkündet und höchstpersönlich den ersten Bischof eingesetzt haben. Mit dem Niedergang des Römischen Reiches und den Wirren der Völkerwanderung begannen unruhige Zeiten: In der Mitte des 5. Jahrhunderts überfielen die Hunnen unter Attila die Stadt; wer konnte, floh auf die nahe Laguneninsel Grado. Von nun an ging es mehr oder weniger steil bergab, wenngleich ab 572 der Bischof als Patriarchat der mächtigste Kirchenmann nach dem Papst war. Immer wieder verwüsteten feindliche Horden das einst so zivilisierte, nun nicht länger von römischer Militärmacht geschützte Stadtbild. Die Patriarchen fühlten sich in Grado sicherer. Flüsse veränderten ihren Lauf, große Schiffe konnten den Hafen nicht mehr ansteuern. Aus der blühenden Römerstadt mit mehreren Hunderttausend Einwohnern wurde ein leicht verwahrlostes Städtchen. Die einstige Größe sollte nicht zurückkehren: Heute ist Aquileia zwar wieder ansehnlich und gepflegt, doch es leben hier weniger als viertausend Menschen. Weil die Römer zu bauen verstanden, hat dennoch einiges aus der glanzvollen Vergangenheit überdauert – Teile des Hafens, Grundmauern, Mosaiken. In der Basilica Patriarcale mit ihrem dreiundsiebzig Meter hohen Glockenturm ist so das wohl bedeutendste Fußbodenmosaik Italiens zu sehen: In kleinsten Steinen werden hier biblische Geschichten wie das Schicksal des vom Wal verschlungenen Jonas erzählt, Hirten und zahlreiche Tiere bevölkern den Boden, den Besucher von einem Steg aus betrachten. Auch das Archäologische Nationalmuseum in der Via Roma zählt zu den wichtigsten des Landes und führt mit seinen Exponaten direkt in die römische Vergangenheit, das frühchristliche Museum an der Piazza Monastero versammelt weitere Schätze, darunter auch Mosaiken, aus spätrömischer Zeit. Nicht umsonst zählt die UNESCO Aquileia zum Weltkulturerbe.

Kultur und Kulinarik blühen in Italien bekanntlich gerne nebeneinander, und noch heute finden Waren aus aller Welt den Weg in das Städtchen. Aus Peru, Venezuela, Madagaskar und der Dominikanischen Republik stammen die Biokakaobohnen, die bei Cocambo verarbeitet werden.

»Jede dieser Sorten hat einen eigenen Geschmack«, erklärt Laborleiterin Elisabetta. Allerdings riecht und schmeckt keine von ihnen im Urzustand nach Schokolade. Nach der Ernte werden die Bohnen getrocknet, bevor sie die Reise nach Italien antreten. »Nach dem langen Transport können sie Bakterien enthalten, da sollte man sie sowieso nicht essen.«

Stattdessen werden sie einer Qualitätskontrolle unterzogen, die besten Bohnen ausgesucht und geröstet, um ihnen schokoladenen Geschmack zu entlocken. Danach werden Schalen und Kerne getrennt. »Die Schalen können für die Ränder von Käse oder für Teemischungen verwendet werden.« Aus der in den Bohnen enthaltenen Kakaobutter entsteht Kakaomasse. Sie wird in einem Zuber von Klumpen befreit und dann gerührt, bis bittere und saure Geschmacksnoten verschwunden sind. Nun wird sie filtriert und vierzehn

Stunden lang im Temperiergerät bewegt. »Es ist ein hundertprozentig natürliches Produkt, ohne Zusatz- oder Farbstoffe«, so Elisabetta.

Die Schokoladen werden auch ausschließlich mit Gewürzen und Früchten in Bioqualität verfeinert. Wie die Resultate schmecken, erfahren Besucher im gedämpften Licht des holzgetäfelten Verkostungsraums. Erst ein paar Schlucke Wasser trinken, rät Elisabetta. Dann die Augen schließen und sich ganz auf die Aromen der appetitlich angerichteten Probierstücke konzentrieren. »Vor dem Mund probiert die Nase.« Also: schnuppern. Los geht es mit weißer Schokolade mit kandierter Orange.

»Streng genommen ist das keine echte Schokolade, da sie aus Zucker, Milchpulver und Kakaobutter hergestellt wird – ohne Kakaomasse«, so Elisabetta.

Dafür sei sie besonders süß; diese Süße erhält hier durch ein zartes Orangenaroma geschmackliche Tiefe. Den zweiten Gang bildet eine Schokolade mit sechzig Prozent Kakaoanteil und einem zarten Hauch von Salz – unwiderstehlich. Die von Bitterschokolade überzogene Nuss als Nächstes wirkt geradezu vollwertig. Schokoladen mit Grappa, Apfelbeeren oder Gewürzen geben dem Konditor und der Köchin die Gelegenheit zur Zusammenarbeit mit anderen kleinen Herstellern aus der Region. Dazu plaudert Elisabetta über die Arbeit und ein wenig über sich. Sie stammt aus dem schönen mittelalterlichen Dorf Strassoldo, das nur zwölf Kilometer nördlich von Aquileia liegt. 2010 zog sie, gerade zwanzig Jahre alt, hierher, um sich erst der Kochkunst und später der Schokolade zu verschreiben. Nur wenig Schokolade wird vorproduziert, weil bei längerer Lagerung der Geschmack leidet. Cocambo beliefert Restaurants und Hotelküchen der Umgebung, mit Feinkostgeschäften ist man im Gespräch. Ein Verkäufer müsse stolz auf das Produkt sein, sagt Elisabetta. Ohnehin neigt man in Italien nicht zu Kompromissen, wenn es um die Qualität handwerklich erzeugter Lebensmittel geht. »Nicht jeder kommt für eine Zusammenarbeit mit uns infrage.«

Die Seele bleibt am Mittelmeer

James Joyce schätzte Triest, weil es hier liberaler zuging als in Irland. Alles sollte die Hafenstadt dem trinkfreudigen Genie aber auch nicht durchgehen lassen

»Meine Seele ist in Triest«, seufzte James Joyce, Autor des Großwerks »Ulysses« und einer der bedeutendsten Schriftsteller des 20. Jahrhunderts, im Oktober 1909 in einem Brief an seine Lebensgefährtin Nora Barnacle. Sie war mit den Kindern Giorgio und Lucia in Triest geblieben, während er in Dublin einen Verleger für seine »Dubliners« suchte. Fast fünf Jahre zuvor hatte sich der 1882 geborene Schriftsteller mit Nora in der habsburgischen Hafenstadt niedergelassen: eine kosmopolitische Mittelmeermetropole, in deren Straßen zwanzig verschiedene Sprachen gesprochen wurden und in deren Kaffeehäusern Menschen aus ganz Europa die Köpfe in die Erzeugnisse einer überaus vitalen Presselandschaft steckten. Rund zwei Dutzend Zeitungen erschienen seinerzeit in Triest und festigten den Ruf der Stadt nicht nur als wichtigen Handelsplatz, sondern auch als ein Zentrum geistiger Aufgeschlossenheit.

Die Zeitungslandschaft ist seither deutlich ärmer geworden. In den Cafés, von denen viele überdauert haben und andere hinzugekommen sind, sitzen die Menschen heute und schauen auf ihre Smartphones. Der Reiz Triests ist jedoch ungebrochen. Die Stadt, die erst seit 1919 – und nach dem Zweiten Weltkrieg erst wieder ab 1954 – zu Italien gehörte, zählt zu den schönsten dieses an schönen Städten so reichen Landes. Seine historische Bausubstanz spannt einen Bogen vom antiken Theater und römischen Forum bis zum Schloss Miramare. Erzherzog Ferdinand Maximilian von Österreich, jüngerer Bruder von Kaiser Franz Joseph I., und seine Frau Charlotte von Belgien ließen sich wenige Kilometer vom Stadtzentrum entfernt auf einem Felsen am Meer das Anwesen als Sommerresidenz erbauen. Dem Paar war kein Glück beschieden: Als Kaiser von Mexiko wurde Ferdinand Maximilian 1867 kurz vor seinem fünfunddreißigsten Geburtstag erschossen, seine bereits nach Europa zurückgekehrte Frau aufgrund geistiger Verwirrung ins Gartenhaus gesperrt und später nach Belgien abgeschoben. Doch mit dem weißen Schloss nebst Park hinterließen sie ein bleibendes Gesamtkunstwerk.

Die Wurzeln des – allerdings schon näher an Monfalcone gelegenen – Castello di Duino der Fürsten von Thurn und Taxis reichen sogar bis ins 14. Jahrhundert zurück. Kaiserin Sisi und ihr Franz Joseph, Rainer Maria Rilke, Victor Hugo, Franz Liszt und Johann Strauß logierten dort; an Rilkes Aufenthalt erinnert der Panoramawanderweg Sentiero Rilke, der von Duino nach Sistiana führt. Teile des *castello* können besichtigt werden, darunter der Park und die Palladianische Treppe im Schloss.

Neben diesen Zeugnissen ihrer Anziehungskraft über Jahrhunderte besitzt die Stadt weitere attraktive Attribute: So wurde Triest 2021 zu einer der zehn sichersten Städten der Welt erklärt, nachdem es ein Jahr zuvor bereits eine Auszeichnung als eine der fünfundzwanzig kleinen Städte mit der höchsten Lebensqualität gab. Zudem ist sie Universitätsstadt, Forschungsstandort, Heimat hervorragender Restaurants und besitzt nicht zuletzt einen sehr ansehnlichen Kreuzfahrthafen. Denn auch Schiffe mit Tiefgang können hier quasi unmittelbar vor der weiten, eleganten Piazza dell'Unità d'Italia ankern.

Die Nähe zu Slowenien mit seinen sechsundvierzig Küstenkilometern trägt heute zur Attraktivität der Hafenstadt bei. Wanderer bemerken im Hinterland allenfalls beim Stolpern über einen alten Grenzstein, dass sie einmal mehr in den schönen kleinen Nachbarstaat geraten sind. Badefreunden fällt jenseits der Grenze auf, was sich in Triest bereits andeutete und am östlichen Ufer der Oberen Adria zur Regel wird: Das Wasser des Meeres trifft an den Ufern der slowenischen wie der kroatischen Riviera häufig auf Steine und Felsen statt auf Sandstrand. Die beiden so unterschiedlichen Küsten der Oberen Adria eint vor allem ihre Schönheit: Wo im Westen Lagunen und *lidi* dominieren, sind es im Osten Inseln und tiefe Buchten.

Vier Städte – Ankaran, Koper, Izola und Piran – säumen die slowenische Adriaküste. Die nach Bürgerkrieg und Zerfall Jugoslawiens gezogene Seegrenze in der Mitte der Bucht von Piran ließ der jungen Republik keinen unmittelbaren Zugang zu internationalen Gewässern und gereichte ihr somit zum Nachteil, fand man hier. »Wir hätten das nicht zulassen dürfen«, sagt Marko Starman, einst stellvertretender Umweltminister Sloweniens und heute Direktor des vierhundertachtundzwanzig Hektar großen Nationalparks Strunjan, dessen Salzpfannen und Salinen sich südlich an das Städtchen Izola anschließen. Denn die slowenischen wurden von italienischen und kroatischen Staatsgewässern begrenzt; Slowenien besaß somit lediglich Zugang zur Adria vor der Haustür. Koper ist der einzige Hafen Sloweniens und als solcher industriell geprägt; anders als in Triest ist hier nur für ein Kreuzfahrtschiff Platz. Gleich hinter der Stadt mit ihrem schön restaurierten historischen Zentrum erhebt sich waldreiches Hügelland mit schattigen Wanderwegen und Aussichtspunkten, die weite Blicke auf die slowenische und italienische Küste öffnen. Nach jahrelangem Ringen sprach ein Schiedsgericht Slowenien 2017 drei Viertel der Bucht von Piran und einen Korridor durch kroatische Gewässer zu – was der kroatische Nachbar allerdings nicht akzeptierte. Seither köcheln die Animositäten weiter, allerdings auf kleiner Flamme. Schließlich ist schon seit Langem in der Region alles im

Fluss. Wo nicht gerade ein Fluss, eine Schlucht oder ein Ozean für Inspiration sorgte, waren Landesgrenzen immer schon von Willkür oder Zufällen geprägt. Wer meint, den Besitz eines Passes der Europäischen Union und die mit ihm verbundenen Privilegien seien persönliche Errungenschaften, hat vermutlich auch sonst wenig verstanden, ist doch einzig dem Zufall geschuldet, wo ein jeder sein irdisches Dasein beginnt. Auch an der lang gestreckten Bucht der Oberen Adria kamen und gingen Reiche, Völker und Nationen. Mochte man während des Bestehens Jugoslawiens als Außenstehender den Eindruck eines geeinten Staates haben, wurde nach dessen Zerfall nur allzu deutlich, dass ein verordnetes Zusammenfassen unterschiedlicher Gruppen kein Königsweg sein muss.

Noch 1954 war unklar, wer wohin gehörte; in Triest lebten in jener Zeit mehr Slowenen als in Ljubljana. Die Erfahrungen aus der Vergangenheit haben das Bewusstsein für den Wert sprachlicher Vielfalt und individueller Freiheit geschärft. Zugleich haben sie bewiesen, dass geografische Grenzen die Realitäten des Lebens nur unzureichend abbilden. Schulen und Kindergärten sind in der Region zweisprachig. Die Politik endet, wo die Kochkunst beginnt. 2003 übernahm der im kroatischen Zagorje geborene Koch Ivek Evačić die Küche im Restaurant des Hotels Marina am malerischen Hafen von Izola. Mit seiner Leidenschaft für die Küche des Mittelmeers und einer klaren Vision unverfälschter, lokal geprägter Kochkunst hob er das Restaurant auf eine neue Ebene und etablierte es als Gourmetadresse. Von seinem Restaurant aus sieht der sechsundvierzigjährige Küchenchef das Meer, dem er seine wichtigsten Produkte – neben dem kaltgepressten Olivenöl aus eigener Herstellung – verdankt. Er verarbeitet sie zu *pasta* mit *scampi* und Jakobsmuscheln, zu Polenta mit Stockfisch und Jakobsmuschelcreme und Fischplatten mit perfekt zubereiteten Beilagen. Im Wasser schaukeln Boote. Strandgänger sind unterwegs zum Pinienwäldchen, wo sie ihre Handtücher im Schatten ausbreiten, bevor sie ins Wasser tauchen. »Ich liebe, was ich mache«, sagt Evačić. »Dies ist ein guter Ort.« Für ihn und seine Arbeit besitzt die Adria größere Bedeutung als die Staatsgrenzen an ihren Gestaden.

James Joyce, der all das noch nicht ahnen konnte, landete zunächst in Pola im heutigen Kroatien, wo er einen ersten Job als Englischlehrer fand. Nach diesem Umweg kehrte der Zweiundzwanzigjährige nach Triest zurück und fing an der dortigen Berlitz-Sprachschule an. Schon damals schwebte die Stadt zwischen Ländern, Zeiten und Kulturen und stand über schnöden Grenzen und den mit ihnen verbundenen Beschränkungen. Als Joyce sich hier niederließ, war Triest der wichtigste Hafen Österreich-Ungarns. Das Flair der Stadt berührte und berückte ihn, doch die Unterweisung der Triester Bürgertöchter im Englischen blieb ein reiner Brotjob, der ihn meist entsetzlich langweilte – so sehr, dass er nicht selten angetrunken zur Arbeit erschien, so Guide Alessandra Lodi. Sie kennt jeden Stein in der Stadt, spricht neben Italienisch auch Englisch und Deutsch und ist Spezialistin für literarische Themenführungen. »Wichtiger waren ihm das Flanieren, die Besuche in Kaffeehäusern und natürlich seine schriftstellerische Arbeit.« Denn für sie boten die Straßen der Stadt reiche Inspiration.

Zweihundertzwanzigtausend Menschen lebten zu Beginn des 20. Jahrhunderts in Triest, rund zwanzigtausend mehr als heute. Joyce schätzte die Atmosphäre der Weltläufigkeit und Toleranz in der Hafen- und Handelsstadt. Wesentlich lockerer als im sittenstrengen Irland und auch als in Italien ging es hier zu, erzählt Alessandra. Also blieb er und schrieb in seiner Wahlheimat an der Adria seine wichtigsten Werke. Weil er dem Zauber Triests erlegen war und hier jeden Stein umdrehte, die Stadt selbst sich zudem seit seinen Streifzügen nur wenig verändert hat, lassen sich biografische Stationen seines Lebens und Sightseeing in den schönsten Ecken in idealer Weise verknüpfen. Noch immer ist Triest reich an Kaffeehäusern, noch immer ergänzen sich Lebensfreude und geistige Betätigung hier perfekt. Besonders anschaulich zeigt sich das im Caffè San Marco, einem traditionsreichen, 1914 eröffneten Literatentreff im Wiener Secessionsstil an der Via Cesare Battisti, zu dem eine kleine, anspruchsvolle Buchhandlung gehört. Auch Joyce verkehrte dort. Alessandra Lodi untermauert ihre Ausführungen mit Kopien von Briefen und Fotos. Sie führt ihre Gäste zum Verdi-Theater, das Joyce gerne besuchte und das noch immer bespielt wird, und zeigt ihnen das Caffè Stella Polare an der Via Dante Alighieri beim Canal Grande. Hier traf sich literarisches Publikum, und hier leistete sich Joyce eine Eifersuchtsszene: »Er stritt lautstark mit einem Journalisten, der in Nora verliebt war.«

So eng wurde die Bindung des Schriftstellers an die Stadt, dass Teile von ihr Eingang in sein Werk fanden – etwa die serbisch-orthodoxe Kirche mit den fünf Kuppeln, die ihn ebenso faszinierte wie die griechisch-orthodoxe Kirche San Nicoló. »Manche Menschen meinen, dass Joyce in seiner Kurzgeschichtensammlung »Dubliners« Triest ein Denkmal gesetzt hat und nicht seiner Heimatstadt«, sagt Alessandra. Die Stadtverwaltung hat die Orte, die mit James Joyce, Romancier Italo Svevo und Lyriker Umberto Saba verbunden sind, beschildert und zu Spaziergängen auf ihren Spuren zusammengefasst. Svevo und insbesondere Joyce genießen dabei besondere Prominenz, zumal Joyce auch als Mentor Svevos agierte. Schilder schmücken die von Joyce favorisierten Cafés ebenso wie die Fassaden seiner zahlreichen Wohnungen. Svevo, dessen Geburtshaus sich an der Viale 20 Settembre ganz in der Nähe des Caffè San Marco befindet, kam als Schüler

Joyces in die Sprachschule. Der begann seinen Unterricht stets mit einem irischen Lied und vermittelte Svevo nebenbei das für den Besuch von Bordellen notwendige Vokabular. In Triests Altstadt, die bis zu ihrer zu Teilen von der Europäischen Union finanzierten Sanierung ab dem Jahr 2000 ganz unromantisch verfallen war, gab es fünfundvierzig dieser Einrichtungen, in denen allerdings wohl nur wenig Englisch gesprochen wurde. Doch wer konnte wissen, ob man für die einschlägigen Begriffe nicht doch einmal Verwendung finden würde. Außer seinen Sprachkenntnissen nahm auch Svevos literarische Karriere eine rasante Entwicklung, bis er 1928 bei einem tragischen Autounfall ums Leben kam.

Seiner Liebe zu Triest zum Trotz musste Joyce feststellen, dass sich die Toleranz auch hier innerhalb gewisser Grenzen bewegte. So flogen er und Nora aus der gemeinsamen Wohnung an der Piazza del Ponterossa, als sie schwanger wurde. Zur Hochzeit in London entschloss sich das Paar erst 1931 in Paris; das war auch im liberalen Triest für viele Zeitgenossen schwer zu akzeptieren. Wie zur Entschädigung für den Rausschmiss hat der Schriftsteller just auf der Ponte Rossa ein Denkmal erhalten, das ihn mit Hut, Fliege und Anzug neben dem Geländer der kleinen Brücke über den Canal Grande zeigt. Mit Bars und Restaurants an der einen und historischen Bauten auf der anderen Seite des Wasserlaufs ist dies heute ein angenehmer Ort, um bei einem Aperol Spritz einen Blick in »Ulysses« zu werfen. Allerdings sollte man keinen zweiten bestellen, dafür nimmt Joyces gewaltiger Roman zu viel Konzentration in Anspruch. Sein und Noras erstes Kind Giorgio wurde am 27. Juli 1905 in der neuen Bleibe des Paares im zweiten Stock des Hauses mit der Nummer 30 an der Via San Nicolò geboren – jener Straße, in der sich damals auch das Hotel Centrale befand, in der das Paar seine erste Nacht in der Stadt verbracht hatte. In dieser Straße befand sich auf Nummer 32 die Berlitz-Sprachschule und im dritten Stock die Wohnung, die Joyces Bruder Stanislaus 1907 bezog.

Die Geburt ihres Sohnes sollte für James und Nora keine Phase der Stabilität einläuten. Sie kümmerte sich um das Kind, ihn zog es in die Altstadt, wo der Wein billig und die Prostituierten willig waren – das bot reichlich Konfliktstoff, so wie Joyces grundsätzliche Neigung zum Suff die Beziehung immer wieder auf schwere Proben stellen würde. Aufgrund chronischer Geldnöte sollte das Paar in den elf Jahren, die es bis zum Ersten Weltkrieg und seinem Umzug nach Zürich hier verbrachte, zehnmal die Wohnung wechseln; daher gehören zahlreiche Fassaden ehemaliger Adressen des Paares zum Stadtspaziergang auf Joyces Spuren.

Es blieb nicht immer bei Umzügen innerhalb der Innenstadt. Im September 1906 ging Joyce als Übersetzer für eine Bank nach Rom, um etwas Geld zu verdienen. »Er stellte aber fest, dass er in Rom nicht schreiben konnte, und kehrte schon nach einigen Monaten nach Triest zurück«, erzählt Alessandra. Hier waren außer dem Bruder Stanislaus mittlerweile auch zwei seiner Schwestern heimisch – eine irische Großfamilie an der Adria. Weil Triest ihn so besonders beflügelte, kehrte er nach dem kriegsbedingten Exil in der Schweiz im Oktober 1919 noch einmal für acht Monate in die Stadt zurück. In einer Wohnung an der Via Diaz, wo Stanislaus und Schwester Aileen mit ihrer Familie sowie zwei Haushaltshilfen wohnten, arbeitete er weiter an seinem »Ulysses«. Dann lud ihn der amerikanische Kollege Ezra Pound nach Paris ein, wo er zwanzig Jahre bleiben sollte. An seinem vierzigsten Geburtstag im Februar des Jahres 1922 beendete Joyce endlich die Arbeit an seinem Monumentalwerk. Bald darauf wurde das Buch, an das sich in England und den USA kein Verleger gewagt hatte, veröffentlicht – in Paris.

Hemingway fischt hier nicht mehr

Nahe seiner Mündung in die Adria liegen bunte Hausboote auf dem Tagliamento. Die Gäste teilen sich die Ruhe auf dem Wasser mit Reihern, Enten und Fröschen

Wenn der Tag sich neigt, erwacht der Fluss. Mittags brannte die Sonne auf Hafen und Hausboote und verlangsamte das Leben fast bis zum Stillstand. Jetzt beginnen Frösche zu lärmen. Von den Terrassen der Boote sind Stimmen zu hören und Gläser, die aneinander klingen. Über dem Wasser tanzen Libellen. Kaum bewegt es sich, bis ein Motorboot vorübertuckert. Auf der anderen Seite des Flusses sinkt die Sonne gemächlich auf die Ebene.

Das flache Hinterland der Adria ist mit Feldern, Wäldchen und schlichten Gasthöfen an schnurgeraden Landstraßen nicht das Erste, was Mitteleuropäern beim Gedanken an Italien einfällt. Trotzdem hat die Landschaft ihren eigenen Reiz. Es liegt nicht allein an dem, was Land, Fluss und Meer hervorbringen, wiewohl Spezialitäten wie mit süßsauren Zwiebeln und Pinienkernen angemachte Sardellen beweisen, dass man hier nicht weniger Sinn für die wichtigen Dinge im Leben hat als anderswo im Land. Es ist die Ruhe, die wirkt wie Medizin. Kaum lässt sie vermuten, dass Lignano und Bibione von den Hausbooten des Resorts Marina Azzurra aus mit dem Fahrrad zu erreichen sind.

Dass er sich als wilder Sturzbach aus den Alpen in die norditalienische Tiefebene ergießt, ist dem Tagliamento ebenfalls nicht mehr anzusehen. Zweieinhalb Kilometer von hier fließt der Fluss, der Friaul-Julisch Venetien und den Veneto voneinander trennt, breit und träge in die Adria. Im links der Mündung gelegenen Lignano mit seinen Pinienhainen und breiten Stränden wird neben Italienisch und saisonalem Deutsch auch Friaulisch gesprochen. Am rechten Ufer, in Bibione, gebrauchen Einheimische untereinander einen venezianischen Dialekt. Im Sommer verbindet eine Fähre bei der Mündung Orte und Regionen.

Wichtiger als die geografische ist indessen seine ökologische Bedeutung. Bis ins zwanzig Kilometer landeinwärts gelegene Latisana verläuft der Wildfluss noch immer weitgehend unreguliert. Mit Inselchen und Uferwäldern bildet er ein Ökosystem, das den einen als künftiges UNESCO-Biosphärenreservat gilt, bei anderen Träume von Erschließungsprojekten beflügelt. Im geschützten Flussdelta ist die Biodiversität besonders hoch: Dreihundertsiebenunddreißig Pflanzenarten wurden hier identifiziert, viele von ihnen selten geworden oder bedroht. Hinzu kommen über fünfzig Vogelarten, Amphibien, Insekten – neben zweihundert Schmetterlingsarten auch zahlreiche durstige Mücken – sowie Eidechsen.

Für das Hausboot-Resort wurde immerhin nicht sehr viel mehr gebaut als Tennis- und Sportplatz, ein Pool, dessen Fliesen das Grünblau des Flusses spiegeln, ein Grillplatz und ein paar Holzstege. Sie führen zu einigen Dutzend im Hafen und auf dem Fluss liegenden Booten, die hier Wasserchalets genannt werden. Auch das Restaurant versiegelt keine Uferflächen, sondern schwimmt. Die »Emerald River« begann ihr Berufsleben als Mosel-Rhein-Dampfer. Später war sie in Privatbesitz, bevor sie aus Koblenz nach Triest gebracht und von Stil und Patina der siebziger Jahre befreit wurde. Nun liegt sie verjüngt in pastelligem Look auf dem Tagliamento. Unter Deck können die Gäste frühstücken oder zu Abend essen, wenn sie sich das Dinner nicht aufs eigene Boot bringen lassen oder selbst kochen. Auf dem Oberdeck trinkt man in der Bar unter freiem Himmel Aperol Spritz.

Das ungenutzte Hafengelände am linken Ufer des Tagliamento befand sich seit Längerem schon im Besitz der Hoteliersfamilie Basso. Die Brüder Franco und Vanni, die das Unternehmen 1972 gründeten, und ihr jüngerer Bruder Angelo betreiben zusammen mit vier Töchtern und einem Enkelsohn neben einem Dutzend Hotels die Therme in Bibione sowie Feriendörfer und Apartmentanlagen zu beiden Seiten des Flusses – insgesamt sechzehntausendfünfhundert Betten. Mehr als eine Million Übernachtungen verbucht die Gruppe; ganz Bibione verzeichnet in normalen Jahren knapp sechs Millionen. Mit Stillstand sind solche Zahlen nicht zu halten. Denn auch an der Adria ist das Konzept vom Sonnenschirm mit Halbpension kein Selbstläufer, sondern will beständig weiterentwickelt werden. Und für immer mehr Gäste soll der Urlaub naturnah und ökologisch möglichst verträglich sein. Denn die Auswirkungen des Klimawandels sind in Italien seit einigen Jahren deutlich sichtbar: Extreme Hitze, Waldbrände und schwere Unwetter, die an den Stränden der Adria immer wieder große Mengen Sand wegspülen und in der Emilia-Romagna ganze Landstriche überflutet haben, lassen keinen Zweifel daran, dass ein schonenderer Umgang mit der Natur die dringlichste Aufgabe der Menschen ist.

Bibione erklärte seine acht Kilometer Strand im Jahr 2019 zur rauchfreien Zone, um eine weitere Verschmutzung von Sand und Meer durch Zigarettenkippen zu vermeiden. Schon fünf Jahre zuvor war zwischen dem Meer und der ersten Liegenreihe das Rauchen verboten worden, was Bibione zum ersten rauchfreien Strand Italiens machte – zumindest im Abschnitt am Spülsaum. Das inspirierte Lignano dazu, seine acht Küstenkilometer zu den ersten plastikfreien Stränden der nördlichen Adria zu machen. Schon seit 2018 arbeiten die Strandbars statt mit Plastikgeschirr mit biologisch abbaubarem – was nichts daran ändert, dass Badegäste ihr Wasser in erschütternden Mengen an Plastikflaschen heranschleppen.

Zapfstellen für Wein, der in vielfach genutzte mitgebrachte Flaschen gefüllt wird, sind in den *alimentari* eine Selbstverständlichkeit. Doch gleich daneben stapelt sich Mineralwasser, in Plastik abgefüllt und zu Sechserpacks verschweißt, bis unter die Decke.

Bei den neuen Hotels der Brüder Basso stehen Naturerlebnis und Umwelterhalt im Mittelpunkt. Die Idee, auf dem Hafengelände ein Hausboot-Resort anzulegen, kam ihnen in der Grachtenstadt Amsterdam. Relativ schnell waren die Genehmigungen eingeholt; nur das Restaurantschiff konnte erst etwas später eröffnen als der Hotelbetrieb. So glatt läuft es nicht immer. Auf die Bewilligung für ihr Lino delle Fate, ein Öko-Resort für Familien nahe der Mündung des Tagliamento in Bibione, warteten die Bassos siebenundzwanzig Jahre. Als sie schließlich kam, wurde für den Bau kein Baum gefällt; was im Weg stand oder wuchs, wurde vorsichtig umgepflanzt. Es soll das letzte Hotel sein, das in Bibione neu gebaut wurde. Für weitere Bauten fehlt der Platz, denn ans jüngste Resort schließt unmittelbar ein Biosphärenreservat an – und danach Wasser.

Ohne optische Brüche sollen sich auch die Boote des Marina Azzurra in ihre Umgebung einfügen. Also gestaltete man sie nach dem Vorbild der traditionellen *casoni* der hiesigen Fischer. Noch immer sieht man die mit Schilf verkleideten Holzhütten auf den Inselchen in den Lagunen von Murano und Bibione. Ihren heutigen Besitzern dienen sie meist als Refugien beim Freizeitfischen; manche sind auch zu Ausflugslokalen geworden. Die Hausboote leuchten unter ihren schrägen riedgedeckten Dächern allerdings in Grapefruitpink, Hell- und Adriablau. Auch die Interieurs gehen in Ausstattung und Komfort deutlich über die traditioneller Fischerhütten hinaus. Auf zwei Etagen verfügen sie außer über klimatisierte, in maritimem Design gestaltete Schlafkojen, Bäder und kleine Küchen mit Essbereich auch über achtzehn Quadratmeter Außenfläche mit Sitzgruppe, zwei Liegen sowie – unerlässlich – einem großen Sonnenschirm. Auf fünfundsechzig Quadratmetern bieten sie bis zu sechs Personen einen Platz auf dem Wasser.

In der Nähe von Udine erbaut, erreichten die Boote das Resort auf dem Landweg und erhielten erst am Ziel den letzten Schliff. Zwar verfügt jedes über Motor und Steuer, doch ihre Proportionen eignen sich nicht für komfortables Navigieren auf dem Fluss. Spontane Spritztouren mit dem Domizil sind deshalb nicht möglich. Dafür stehen wendige Elektroboote oder auch der erfahrene Flussdampfer »Emerald River« bereit, der für Touren flussaufwärts exklusiv zu mieten ist. An Land schafft eine Flotte von Leihrädern Beweglichkeit. Mit ihnen fahren die Gäste zum Strand und erkunden Wege und Winkel, die mit dem Auto nicht zu erreichen sind.

In erster Linie aber bieten die Boote jenen ein Versteck, die mit homöopathischen Dosen adriatischen Küstentrubels auskommen. Es ist schön, an Deck zu sitzen und das Leben am Fluss zu beobachten. Morgens landet ein Fischreiher elegant an der Uferböschung. Auch Teichrallen, Ringeltauben, kleine Wintergoldhähnchen und die Stockenten, die einst Ernest Hemingway zur Jagd an die Obere Adria lockten, lassen sich sehen. Später wird es ganz still – als wäre die Flusslandschaft unter der Hitze des Spätnachmittags in einen betäubenden Schlaf gefallen. Erst die geräuschvolle Landung einer Ente im Wasser lässt die Menschen auf den Booten von ihren Büchern aufschauen.

Geheimnisse der Lagune

Bibione zählt zu den beliebtesten Badeorten der Oberen Adria. Heute setzt die Halbinsel mit Biosphärenreservat und Fahrradflotten auf Nachhaltigkeit und Natur

Zwischen Wald und Strand führt der Fahrradweg bis zum Ende der Landzunge. Kurz vorher erhebt sich, weiß, bescheiden und rein, der Leuchtturm von Bibione. Seit 1913 bewacht er die Mündung des Tagliamento in die Adria. Eine ganze Flotte von Rädern ist rund um den Turm geparkt: Strandbesucher, die den naturbelassenen Abschnitt adriatypischen Strandbädern mit Schirmen, Liegen und Gebühren vorziehen. An seinem Ende treffen sich Süß- und Salzwasser. Wer der Via del Faro vom Leuchtturm aus ein Stückchen weiter folgt, erreicht die Fähre über den Fluss. Sie bringt Radler und Flaneure von der Halbinsel Bibione ins benachbarte Lignano – und damit auch von Venetien nach Friaul-Julisch Venetien. Denn der Fluss bildet hier die Grenze zwischen beiden Regionen.

An den Ufern des Tagliamento ist die Biodiversität hoch. Neben besonders vielen Pflanzenarten, viele von ihnen selten geworden oder bereits bedroht, leben hier Amphibien wie der Springfrosch, zweihundert Schmetterlingsarten, zahlreiche andere Insekten. Der Tagliamento, der als Wildfluss in den Alpen entspringt, spült außer Sand auch Samen an, weshalb hier am Mittelmeer alpine Pflanzen wachsen, die sich an die Sandböden angepasst haben. Das Städtchen mit Hotels, Geschäften, Eisdielen und von Pinien beschatteten Straßen scheint in dieser Naturlandschaft ganz weit weg.

Nur ein schmaler Streifen Land mit der Via Pineda darauf verbindet Bibione mit dem Festland. Ansonsten ist der Badeort von Wasser umschlossen; nördlich und westlich liegt die Lagune, an einer Seite der Tagliamento; vor der Halbinsel erstreckt sich die Adria. Dabei ist das Ferien-Dorado mit stolzen hunderttausend Betten, in dem im Winter nur dreitausend Menschen leben, nicht einmal eine eigenständige Stadt, sondern Teil des zwanzig Kilometer landeinwärts gelegenen San Michele al Tagliamento.

Vor sehr langer Zeit bestand die Halbinsel aus mehreren Inselchen. Erst in der ersten Hälfte des 20. Jahrhunderts wurde das Gebiet durch Kanäle und Dämme entwässert, bis um 1950 wenig mehr als ein sehr breiter Sandstrand und Pinienwald übrig geblieben waren – die Geburtsstunde Bibiones als Badeort. Dank makelloser Strände und einem ganzjährig geöffneten Thermalbad zählt er lange schon zu jenen Zielen an der Oberen Adria, an denen viele Familien über Generationen hinweg ihre Urlaube verbringen. Das Zusammenspiel von sehr gutem Wetter, Strandtagen unter buntem Sonnenschirm sowie *pasta* und Meeresfrüchten am Abend bildet eine zuverlässige Rezeptur für sommerliches Glück. Um dieses Idyll zu erhalten, überlegt man mittlerweile auch, wie sich der sommerliche Ansturm umweltschonender gestalten ließe. So werden Urlauber ermutigt, die Leihräder von Hotels oder Fahrradverleihen zu nutzen. Gepflegte Radwege sind reichlich vorhanden, Parkplätze in der Hochsaison hingegen umkämpft. Wer einen gefunden hat, ist gut beraten, aufs Rad zu wechseln und das Auto ruhen zu lassen.

Während es die Urlauber ans Meer zieht, sind viele Einheimische von der dem Land zugewandten Lagune fasziniert. So wie Moreno Teso, ein Hobbyfischer und -jäger, der jede freie Minute auf ihrem Wasser verbringt. »Es ist noch immer viel Fisch da, aber es ist weniger als früher«, sagt er. Der Vierundsechzigjährige stammt aus einem Dorf bei Caorle und lebt seit über vierzig Jahren in Bibione. Genug Zeit, um den Rhythmus der Lagune zu verinnerlichen. Er weiß, dass der Zeitpunkt auf halbem Weg zwischen Ebbe und Flut perfekt zum Fischen ist und dass die Aale aus ihren Verstecken kommen um zu jagen, wenn der Scirocco weht und das Wasser hoch in der Lagune steht.

Zwar war der gelernte technische Zeichner den größten Teil seines Lebens als Bauunternehmer tätig und nebenbei als Politiker aktiv. Doch seine Leidenschaft gehört der Lagune. Schon als Schüler verbrachte er seine Ferien in den *casoni* der Fischer. Heute sind Touren aufs Wasser für ihn das beste Mittel gegen Stress. »Es ist eine Art Meditation«, sagt er. »Die Ruhe da draußen ist wie Medizin. Man hört nichts außer den Stimmen der Vögel.« Deshalb fährt er am liebsten alleine in die Lagune, lauscht den Stimmen der Vögel und dem Geräusch des Wassers am Boot, angelt Goldbrassen – und sammelt Müll ein. Seit einigen Jahren holen Fischer und Umweltschützer alljährlich im Februar Plastik aus dem Wasser. Teso macht auch das restliche Jahr über weiter. Denn: »Wenn die Lagune nicht mehr intakt wäre, würde mit ihr auch ein Teil von mir enden.«

Die Urlauber, die ihre Tage zwischen Strand und Meer verbringen, treffen meist erst am Abend im Restaurant auf die Meeresbewohner. Dann türmen sich Tintenfische, Sardellen und Muscheln auf dem Vorspeisenteller, bevor *spaghetti* mit Meeresfrüchten und gegrillter Aal serviert werden. Auch diese Begegnung kann unvergesslich sein. Am nächsten Morgen geht es wieder an die gegenüberliegende Seite Bibiones – ans Meer.

Tiramisu zum Frühstück, Prosecco jederzeit

Treviso liegt auf dem Festland, besitzt aber wie Venedig Kanäle, Brücken – und bietet zahlreiche kulinarische Genüsse

Auf der Theke türmen sich geröstetes, mit duftendem San-Daniele-Schinken, Pilzen oder Thunfisch belegtes Brot, daneben stehen Teller mit Polenta, Stockfisch, Oliven, Radicchio und eingelegten Artischocken sowie diverse Käsesorten mit Feigenkompott. Was aussieht wie ein herzhafter Brunch, ist indessen nur das Beiwerk zum Aperitif. *Cicchetti* heißen die köstlichen Kleinigkeiten in und um Venedig. Eine Flasche Prosecco nach der anderen entkorken die Kellner dazu; die halbe Stadt ist auf den Beinen, um sich vor dem Mittagessen mit dem Nötigsten zu stärken.

»Es ist viel leichter, hier gut zu essen als in Venedig«, sagt Stadtführerin Tiziania Benincà, die in der im Herzen Trevisos gelegenen Proseccheria dell'Oste Platz genommen hat. In der Lagunenstadt müsse man genau wissen, wohin man gehen könne, so Tiziania. Das liege natürlich an Venedigs Glück und Geißel: den Touristen. »In Treviso gehen vor allem Einheimische aus, wer hier nicht gut kocht, kann bald schließen.« In Venedig hingegen beginne jeder Gastronom täglich vor neuem Publikum.

Nur zwanzig Kilometer trennen Venedig und Treviso. Und doch liegen Welten zwischen den beiden Städten. Das auf dem Festland am Zusammenfluss von Sile und Bottenige gelegene, von malerischen Kanälen durchzogene Treviso gehörte rund vierhundert Jahre lang, vom Ende des 14. bis zum Ende des 18. Jahrhunderts, zur Republik Venedig. Im Mittelalter war es wie die große Schwester eine wohlhabende Stadt. Das beweisen die Fresken an den Fassaden der historischen Häuser im Zentrum. Denn wer sein Haus so dekorierte, verschönerte nicht nur die Heimatstadt, sondern kam auch in den Genuss von Steuererleichterungen.

Heute ist Treviso mit rund vierundachtzigtausend Bewohnern bevölkerungsreicher als die Lagunenstadt, in der es nur noch rund fünfzigtausend Einheimische mit Touristen, hohen Mieten und komplizierter Infrastruktur aufnehmen – Tendenz sinkend. Trotzdem geht es auf dem Festland deutlich entspannter zu. Treviso gehört mitsamt den gepflegten Arkaden, schönen Kirchen wie der freskengeschmückten, mittelalterlichen Chiesa di Santa Lucia oder dem gotischen Gotteshaus San Nicolò, mit eleganten Geschäften, Bars und Restaurants ganz seinen Bewohnern. Auch wenn die von Palästen eingerahmte Piazza dei Signori vom Stimmengewirr der Flaneure geradezu braust, sind emporgereckte Schirme von Reiseleitern hier nirgends zu sehen.

So bleibt den Einheimischen Zeit, sich aufs Wesentliche zu konzentrieren. Das ist, wie häufig in Italien, das Essen. Im Umland wird nämlich nicht nur der weltberühmte Prosecco hergestellt, sondern auch zartester roter Radicchio angebaut. Der »Radicchio Rosso di Treviso Tardivo GGA« gilt als der König seiner Art und muss, um sich das Kürzel für die geschützte geografische Angabe zu verdienen, aus vierundzwanzig spezifischen Gemeinden im Veneto stammen, von denen siebzehn in den fruchtbaren Ebenen der Provinz Treviso liegen. Ebenso wichtig wie die Herkunft ist die traditionelle Verarbeitung. Dazu gehört, dass der Radicchio nach der Ernte Anfang November in ein Bad aus Karstwasser gegeben wird, wo er nach zwei Wochen neue Triebe bildet. Dann wird der Tardivo liebevoll gestutzt und gereinigt. Ergebnis ist ein weinrotes, lanzenförmiges Gewächs mit regelmäßigen, sich verjüngenden Trieben und angenehm bitterem Geschmack, das nun mit *pasta* serviert werden kann und sogar Süßspeisen zu veredeln vermag.

Auch im Bereich der Süßspeisen beweist Treviso Kernkompetenzen; schließlich gilt die Stadt als der Geburtsort des Tiramisu. Um dieses nicht ganz leichte Dessert auf Basis cremigen Mascarpones ranken sich diverse Mythen. »Es wurde schon gegen Ende der venezianischen Republik erfunden«, behauptet etwa Stadtführerin Tiziania. Und zwar, fügt sie hinzu, als Stärkungsmittel vor und nach Bordellbesuchen. Wichtig für den

Geschmack sei sehr guter Mascarpone. Bedauerlicherweise habe der cremige Doppelrahmkäse mit achtzig Prozent Fettgehalt keine geschützte Ursprungsbezeichnung.

Im Restaurant Le Beccherie betrachtet man die Historie des Desserts ein wenig anders, wiewohl man ihm auch hier eine kräftigende Wirkung zuspricht. »In diesem Haus wurde 1955 das erste Tiramisu zubereitet«, sagt voller Stolz Patisseriechef Manuel Gobbo. Seinerzeit gehörte das Restaurant der jungen Alba Campeol, die mit ihrem Sohn Carlo schwanger war. Ihre Schwiegermutter bereitete ihr allmorgendlich einen Drink aus rohem Eigelb und starkem Kaffee zu – eine Art Zabaione, in der sie Alkohol durch Kaffee ersetzte. Heute würden Ärzte werdenden Müttern vom Genuss eines solchen Elixiers vermutlich eher abraten; Alba aber segelte gestärkt durch Schwangerschaft und Stillzeit und machte sich später daran, zusammen mit ihrem Patisseriechef die Rezeptur zu verfeinern. Schließlich stand das Rezept, und ab 1972 war das Tiramisu – was sich mit »Zieh mich hoch« übersetzen lässt – fester Bestandteil der Speisekarte. Dort ist er bis heute überall in Treviso zu finden. »Ich arbeite noch immer mit dem Originalrezept«, erklärt Manuel Gobbo, der seine Kunst auch vor Gästen demonstriert. »Wichtig ist, sehr guten Kaffee zu verwenden und den besten verfügbaren Mascarpone.«

Und zwar in großen Mengen: Zwölf Eigelbe bester Qualität, ein Pfund Zucker, ein Kilogramm

Mascarpone, sechzig Löffelbiskuits, Kaffee nach Belieben sowie hochwertiges Kakaopulver ergeben eine schöne Schale Tiramisu für die ganze Familie. Varianten seien möglich, aber unnötig, so der Patisseriechef. »In Kanada nimmt man Philadelphia-Frischkäse«, berichtet er mit gequältem Gesicht. Dass nicht nur in anderen Restaurants in Treviso, sondern sogar in der benachbarten Region Friaul-Julisch Venetien mancher glaubt, das Tiramisu erfunden zu haben, stört ihn weniger. »Die Diskussion ist noch nicht ganz abgeschlossen«, sagt er diplomatisch. Und sie wird es wohl auch niemals sein.

Sicher ist, dass man zum Tiramisu gerne einen Prosecco nimmt, der hier nicht nur zu jeder Tageszeit, sondern oftmals auch zu jedem Gang gereicht wird. Zwischen den Dolomiten im Norden und der Adria im Süden liegen die fünfundzwanzigtausend Hektar Weinberge, die der Welt den Prosecco bescheren. Fast zwanzigtausend Hektar befinden sich im Veneto, die übrigen in Friaul-Julisch Venetien. Die Schaum- und Perlweine sind einer der großen Exportschlager des Nordens: Tausendeinhundertneunundvierzig Winzer füllen im Jahr mehr als vierhundert Millionen Flaschen ab, von denen fünfundsiebzig Prozent im Ausland geleert werden – vor allem in Großbritannien, den USA und in Deutschland, wo meist um die vierzig Millionen Flaschen entkorkt werden.

Erst im Jahr 2009 wurde das DOC-Siegel zur Kontrolle des Herkunftsgebiets geschaffen. Anbau-, Herstellungs- und Abfüllort sind seither genau definiert, was die Qualität verbessert, aber auch zu höheren Preisen geführt hat. Prosecco mit DOC-Siegel darf seither nur im Gebiet von neun Provinzen von Vicenza bis Triest in den Ebenen der Regionen Venetien und Friaul-Julisch Venetien produziert und abgefüllt werden. Er muss zu mindestens fünfundachtzig Prozent aus Trauben der Rebsorte Glera gekeltert sein. Horrorszenarien der Vergangenheit wie die Abfüllung in Dosen, Kronkorken als Verschlüsse oder gar der Ausschank aus Zapfanlagen sind heute tabu.

Das für das DOC-Siegel zuständige Konsortium hat seinen Sitz in der Altstadt von Treviso. Zu seinen Zielen gehört, das Bewusstsein der Konsumenten dafür zu schärfen, dass der Begriff »Prosecco« spezifische Weine bezeichnet – und kein Synonym für Prickelndes aller Art und Herkunft ist. »Prosecco sollte strohgelb und fein perlend aussehen, nach weißen Blüten und hellen Früchten duften und frisch und mineralisch schmecken«, doziert Tanja Barattin vom Konsortium. »Er ist leicht zu trinken, passt zu jeder Gelegenheit, jedem Essen und zu fast jeder Tageszeit«, schwärmt sie. Es ist nicht nur beruflich motiviertes Lob, sondern beschreibt auch norditalienische Alltagsgestaltung.

Äußerlich ist Prosecco heute zweifelsfrei an seiner Banderole zu identifizieren. Sie ziert das Logo des Landwirtschaftsministeriums, das DOC-Siegel, ein QR-Code zur Verfolgung des Ursprungs und eine blaue Identitätsnummer. Prosecco mit DOCG-Appellation trägt eine Banderole mit rotbrauner Schrift und entstammt kleinen Anbaugebieten im Hügelland derselben Regionen.

Was die Drei-Euro-Flasche im Regal des Discounters von der doppelt so teuren unterscheidet, ist weniger offensichtlich. »Im Ausland wird viel Frizzante verkauft, weil zum Beispiel in Deutschland bei ihm anders als beim Spumante die Schaumweinsteuer entfällt«, erläutert Hubert Koller, Markenmanager der Cantini Viticoltori Ponte, einer der größten Genossenschaftskellereien Venetiens in der Provinz Treviso. Das spart in Deutschland schon mal einen Euro und zwei Cent pro Flasche, während in Österreich seit Juli 2020 keine Schaumweinsteuer mehr erhoben wird. Aufgrund des geringeren Drucks unterlag der Prosecco dort allerdings auch zuvor nicht der ungeliebten Steuer.

Der preiswerte Frizzante erfährt zudem im Gegensatz zum Spumante keine zweite Gärung im Tank. Seine Bläschen verdanken sich zugesetzter Kohlensäure – wie bei aufgesprudeltem Wasser. Das geht schneller, schafft aber kein feines Perlen. Der teurere Spumante hingegen enthält – wie Markensekt – natürliche Kohlensäure. Schlussendlich helfe vor allem, immer wieder neue Flaschen zu öffnen, empfiehlt Koller: »Wie feinperlig ein Prosecco ist, erkennt man erst, wenn man probiert. Und je mehr man probiert, desto besser erkennt man die Nuancen.«

Die Lehrerin hat vier Köche

Bei Venedig liegt ein Riesenschiff: Sprachliche Urlaubsvorbereitung mit dem Smartphone

Die Lehrerin hat vier Köche. Das Pferd beendet die Zusammenarbeit. Auch die Katze isst im Restaurant. Hat Marco eine Beziehung mit dem Kollegen? Die Tiere haben eine Diskussion.

Delirierten wir? Nein. Wir lernten Italienisch. Per App. Der Sohn hatte das Programm aus der Schule eingeschleppt. Bereits seit Wochen hatte ich ihn über sein Mobiltelefon gebeugt sitzen, stehen und Fahrrad fahren sehen, während er auf Italienisch, Schwedisch und Portugiesisch vor sich hin murmelte. Pling. Jedes Pling belohnte eine richtige Antwort, mündlich oder schriftlich. Auch seine Freunde lernten in ihrer spärlichen Freizeit plötzlich Russisch und Norwegisch. Was ging da vor sich? War es eine pädagogische Superwaffe, die den Weg auf ihre Smartphones gefunden hatte? Und könnten wir uns damit womöglich bis zum Urlaub auch noch perlendes Italienisch draufschaffen?

Bereitwillig lud der Sohn uns die App auf die Handys. Und schon steckten wir tief drin. Das Programm war aufgebaut wie ein Computerspiel, wir befanden uns im Wettstreit nicht nur mit der Sprache, sondern auch mit Fremden, die ebenfalls infiziert waren. Nach dem Aufstehen, auf dem Parkplatz, auf der Terrasse, an der Kasse im Supermarkt – in jeder freien Minute übten wir. Denn jede absolvierte Lektion brachte Punkte, am Ende der Woche zeugte eine nach Punkten geführte Rangliste von unseren Fortschritten. Bald lernten – oder spielten – wir wie besessen. Mit schlechtem Gewissen dachten wir an den dramatisch erhöhten Energieverbrauch unserer Mobiltelefone. Vermutlich bliesen wir durch die exzessive Nutzung unserer Sprach-App mehr CO_2 in die Atmosphäre als ein voll besetzter Riesenjet auf der Langstrecke.

Das Kaninchen und die Schildkröte fahren in Urlaub. Pling. Das Pferd und die Katze haben eine Versammlung. Der Sohn erklärte uns, dass absurde Sätze sich leichter einprägen; daher wohl die teils etwas skurrilen Konversationszüge. Doch nebenbei erhielt auch unser Italienbild eine weitere Dimension. Lena und ihre Kinder, Anna und die Kollegen, der junge Marco, la Signora Schneider und il Signor Verdi wurden zu festen Größen in unserem Alltag, die wir bald persönlich zu kennen glaubten. Wir erörterten über unseren Smartphones Speisen und Feste und sannen darüber nach, ob wir die Berge oder das Meer, Venedig oder Rom bevorzugten. Einige Lerninhalte führten sogar ins Herz der Landeskultur: *L'olio è molto importante. Sí.*

Der Sohn galoppierte nebenbei im Schnellverfahren durch den Französischkurs, um Punkte zu sammeln. Dort schien es eher philosophisch zuzugehen. Was wäre ohne sie aus ihm geworden, sinnierte die App. Nichts Gutes, vermuteten wir. Die Parentalgeneration blieb dennoch beim Italienischen. *C'è una nave enorme vicino da Venezia* – das riesige Schiff in der Nähe Venedigs kam mitten aus dem Leben.

An der Adria angekommen, erprobten wir stolz unsere neu erlernten Sätze. Nicht die mit der Versammlung von Pferd und Katze, sondern solche, mit denen sich recht gewandt Tische reservieren und Speisen bestellen ließen. Allerdings antworteten die *camerieri* in den *ristoranti* meist reflexartig auf Deutsch. Doch davon ließen wir uns nicht entmutigen. Schließlich lernten wir nicht für die Kellner, sondern fürs Leben. Auch im Urlaub. Beim Frühstück *(facciamo colazione!)*, an der *spiaggia*, abends *in giardino* – zum Aufhören war es längst zu spät. Schon nahmen wir es mit reflexiven Verben und dem Perfekt auf. Die Sprachprofis von der Adria mochten uns weit voraus sein, doch plötzlich merkten wir, dass wir eine Menge von dem verstanden, was um uns gesprochen wurde. Es war ein beglückendes Gefühl.

Ein Sonnenplatz im Schatten Venedigs

Cavallino-Treporti ist für Campingplätze und zwölf Kilometer Strand bekannt. Doch auch für Radler und Naturliebhaber besitzt die Halbinsel besonderen Reiz

Wie eine warme Decke liegt die Hitze des Tages über der Lagune. Ab und zu strampeln Radler den Weg entlang, der das Wasser von den Wiesen des Zwanzig-Einwohner-Dorfes Lio Piccolo trennt. Mücken summen, ein Vogel landet mit einem Platschen im Wasser. Sonst ist nichts zu hören. Das Sträßchen, das weiter zur Kirche Santa Maria della Neve mit dem benachbarten Glockenturm und zwei Bauernhöfen führt, ist so schmal, dass Autofahrer in eigens angelegte Buchten ausweichen müssen, wenn sie einander begegnen. Doch das kommt nicht allzu oft vor. Wenn die sinkende Sonne Himmel, Wasser und Schilfinseln gelb, orange, rot und violett färbt, treibt das Schauspiel die Menschen zum Leuchtturm in Punta Sabbioni, in die Osteria dal Pupi in Saccagna, wo Bootsfahrer sich ihren Sundowner an Bord mitgeben lassen, und ins Restaurant Al Pescatore, das am Rand von Treporti an der Mündung eines Kanals in die Lagune liegt. Die Kirchtürme Buranos sind von hier aus am Horizont gerade noch zu erkennen. Nebeneinander sitzen die Gäste am Wasser und beobachten, wie sich die Farbe des Himmels der des Aperol Spritz in den Gläsern angleicht – zweifellos einer der dramatischsten Sonnenuntergänge, die die Küste zu bieten hat. Aus der Küche strömt der Duft gegrillter Meeresfrüchte, und einmal mehr ahnt man, dass Italien noch immer ein vom Schicksal begünstigtes Land ist.

Auf dem Landweg ist die Halbinsel Cavallino-Treporti mit Dörfern, Obst- und Gemüsegärten und zwölf Kilometern feinsandigen Strandes über die Brücke zu erreichen, die den Fluss Sile vor seiner Mündung in die Adria überspannt. Dreizehntausend Menschen leben hier das ganze Jahr über. Mit dem benachbarten Lido di Venezia grenzt die Halbinsel die Lagune von Venedig zur Adria hin ab. Am südlichen Ende der Lagune bildet das ebenfalls durch eine Brücke mit dem Festland verbundene Chioggia einen Gegenpol zur Halbinsel Cavallino-Treporti. Die mit achtundvierzigtausend Einwohnern zweitgrößte Gemeinde in der Bucht ist wie Venedig auf Holzpfählen erbaut und kommt der berühmten Lagunenstadt durch ihre Lage auf mehreren, durch Brücken miteinander verbundenen Inseln, diverse Sakralbauten und einen Canal Grande, der hier Canal Vena heißt, auch optisch nahe. Dem beliebten Beinamen eines »Klein-Venedig« konnte Chioggia so schwerlich entkommen. Zwar ist auch dieses Städtchen bodenständiger als die glamouröse große Schwester Venedig. Doch während in Cavallino-Treporti Agrarwirtschaft das

Bild der Landschaft prägt, ist Chioggia traditionell die Heimat von Fischern. Als Standort des größten Fischereihafens der oberen italienischen Adria und des größten Fischmarkts des Landes lebt das Städtchen keinesfalls nur für den Tourismus – trotz seiner insgesamt zehn Kilometer Strand. Sein Mercato Ittico am Fischerhafen ist Großhandel und Gastronomie vorbehalten. Die vierzig Stände der *pescheria* im Zentrum Chioggias hingegen bieten Fisch, Krustentiere und Mollusken aus den Küstengewässern für Endverbraucher an – fangfrisch vom Tag. Dank beider Märkte und des Hafens leben in Chioggia noch immer mehrere Tausend Menschen vom Fischfang. Bei der Sagra del Pesce im Juli wird dieser Tatsache zehn Tage lang mit Verkostungen und Demonstrationen alter, mit der Fischerei verbundener Handwerkskunst Tribut gezollt.

Cavallino-Treporti ist als Camping-Dorado berühmt, doch besitzt die Halbinsel auch Hotels und eine als Heimat zahlreicher Vogelarten darunter Flamingos, Seiden- und Graureiher, Stelzenläufer, Kormorane, Stockenten und Seeschwalben – geschützte Lagunenlandschaft, dazu eine Bootsverbindung zum Canal Grande und zahlreiche Radwege. Die Hauptverkehrsader der Insel von Ost nach West, die Via Fausta, säumt seit jeher ein von mächtigen Pinien beschatteter Radweg. In den vergangenen Jahren wurde auch das Radwegenetz auf der Lagunenseite ausgebaut. Am Wochenende ist das Sträßchen durch den Sprengel Lio Piccolo für den Autoverkehr geschlossen, doch Radler erleben die Landschaft auch an Werktagen intensiv. Zumal, wenn sie in der Hitze eines hellen Sommertags in Cavallino im Osten der Halbinsel aufbrechen.

Vorbei an Höfen, Gärten und Feldern des Binnenlands geht es von der Landstraße auf einen breiten, geradezu luxuriösen Radweg aus Holzplanken. Zur Lagune hin flankiert ihn ein Geländer, zur Straße eine massive, hüfthohe Mauer. Solchermaßen gesichert, können Radler sich ganz auf die Landschaft konzentrieren. Zur Rechten staksen Silberreiher umher, Enten planschen, in tieferem Gewässer sind kleine Motorboote unterwegs. An zwei Abschnitten ist der Radweg unterbrochen, Fahrradfahrer müssen auf die Landstraße wechseln. Hier gilt für Autos Tempo dreißig, was einzelne Verkehrsteilnehmer eher als Empfehlung denn als Vorschrift begreifen. Dennoch ist Koexistenz auch hier möglich. Als schwieriger erweist sich das Miteinander mit der Sonne. Ein Tank-Stopp im schattigen Garten der Pizzeria da Gino ist unabdingbar. Hier trinken wir aus großen, bis zum Rand gefüllten Gläsern Apfelschorlen, die man an der Bar liebevoll aus Saft aus dem Tetrapak und Sodawasser gemixt hat. Der ans Klima angepasste Preis von vier Euro fünfzig pro Glas ist höher als der für die gleiche Menge Wein, dessen Genuss bei diesen Temperaturen indes nicht zielführend wäre. Ohnehin hätten wir für das kalte Elixier auch das Doppelte gezahlt, denn bis nach Treporti ist es noch ein gutes Stück. Hydriert und erfrischt geht es weiter. Vogelrufe und vereinzelte Motorengeräusche sind die einzigen Begleiter, bis die Brücke über den Saccagnana-Kanal erscheint, die nach Treporti führt. Mit einer Schule, Kirche, Bar, Restaurants sowie zwei weiteren blumengeschmückten Kanalbrücken besitzt das blitzblanke Städtchen alle Merkmale einer überlegenen Zivilisation und dazu einen Hauch venezianischen Flairs.

Jenseits der dritten Brücke führt eine Straße den Kanal entlang zu den Inselchen Mesole und Lio Piccolo. Bootsbesitzer polieren in der Sonne ihre Boote, einige haben ihre Anleger mit Sonnenblumen dekoriert. Das Land ist flach, wie gemacht fürs Radeln, die Straße wird schmaler, die Bebauung dünner, schließlich weicht das Dorf weiter, offener Landschaft: von kleinen Kanälen durchzogene Salzwiesen, Wasser und Marschinselchen. Hier haben Insekten und Vögel das Sagen, und es ist schwer vorstellbar, dass nicht weit von hier, an den Stränden Cavallino-Treportis und auf dem Lido von Venedig, sommerliches Badeleben tost. Etwa zweitausend Flamingos sollen rund um Cavallino heimisch sein; dennoch braucht es etwas Glück, die Tiere zu sehen. Auch sie ziehen die Stunde der Dämmerung der Hitze des Tages vor. Dann steigen die Chancen, eine Kolonie der schönen rosafarbenen Vögel zu sehen.

Während der langen Geschichte der Lagune

von Venedig hat die Landschaft manchen Wandel erfahren. Nachdem auch Cavallino-Treporti vom Jahrhunderthochwasser des 4. Novembers 1966 geflutet wurde, das Dämme bersten ließ und auf den Inseln der Lagune, im übrigen Veneto, in den Dörfern des Friaul und noch in der Toskana Verheerung hinterließ, änderte sich die Beschaffenheit des Bodens – ebenso wie schon einmal rund vierzig Jahre zuvor, als mit der Verbreiterung der Zufahrt zur Adria begonnen wurde. Ende der sechziger Jahre stellten die Bauern fest, dass grüner Spargel unter den neuen Bedingungen gedieh, und bauten ihn fortan in großen Mengen an; sogar ein Fest widmen sie ihm seither am 1. Mai. Hochwasserereignisse gehören indes noch immer zu den Unwägbarkeiten des Lagunenlebens. Das Sturmflutsperrwerk MOSE, mit vollem Namen Modulo Sperimentale Elettromeccanico geheißen, war lange als Milliardengrab gefürchtet, das zahlreichen korrupten Unternehmern und Politikern, unter ihnen ein Bürgermeister von Venedig und ein ehemaliger Präsident der Region Venetien, als Rampe ins Gefängnis diente. Für die Flut des Jahres 2019, die mit hundertsiebenundachtzig Zentimetern über dem normalen Level fast so hoch war wie die von 1966, kam es zwar noch zu spät. Doch seit 2020 ist es in Betrieb und imstande, das Schlimmste zu verhindern – wenn man es denn nutzt. Im Dezember des Jahres wurde es trotz eines erfolgreichen Einsatzes im Oktober nicht aktiviert, sodass die Adria wieder auf dem

Markusplatz wogte. Im folgenden Jahr arbeitete MOSE jedoch wie erhofft. Allerdings fürchten Kritiker, dass die sechs Milliarden Euro teure Anlage mit ihren achtundsiebzig jeweils zwanzig Meter hohen und zweihundertfünfzig Tonnen schweren und an drei Zugängen zur Lagune installierten Fluttoren zu niedrig und mit Blick auf steigende Meeresspiegel langfristig keinen ausreichenden Schutz vor Überschwemmungen bieten wird. Als das Projekt 1984 mit dem Ziel einer Inbetriebnahme im Jahr 1995 angedacht wurde, ahnte man nicht, wie schnell der Klimawandel im neuen Jahrtausend voranschreiten würde.

Tourismus ist in Cavallino-Treporti keine alles beherrschende Industrie wie in Venedig, sondern blüht neben der Landwirtschaft. Aber wie bei der großen Schwester, die abends meist in verträumter Ruhe döst, wird es auch hier sogar im Hochsommer, wenn die Campingplätze voll sind, kaum laut. Zwar gibt es ein Rummelplätzchen in Cavallino, doch die Urlauber konzentrieren sich in ihren Aktivitäten auf Strandleben, Fahrradtouren und die obligatorischen Ausflüge nach Venedig, Burano und zum Lido. Trotz – oder wegen – der Nähe des alles überstrahlenden Venedig entwickelte sich das Geschäft mit den Urlaubern auf der Halbinsel erst relativ spät. »Meine Großeltern haben das erste Hotel in Cavallino-Treporti hier vorne an der Ecke eröffnet und mit Freunden und ersten Gästen aus Deutschland fertiggestellt«, erzählt Giorgia Castelli mit einem Lächeln.

Sechs Zimmer hatte das Hotel Ca'di Valle, heute sind es hundert; Giorgias Tante führt es. Giorgias Vater eröffnete 1980 das Hotel Junior, das heute von Giorgia geleitet wird und zu dem auch zahlreiche Apartments am Meer gehören. Ihr Bruder legte an der Lagunenseite einen Biogarten für die Hotelküche an.

Ihre Freundinnen Romina Zanella und Giada Gattoni sind wie Giorgia echte Lagunengewächse. Romina wuchs in Treporti auf, Giada an der der Adria zugewandten Seite in einem der Sprengel, die die Namen der Familien tragen, die das Land einst bewirtschafteten: Ca'Savio, Ca'Ballarin, Ca'Vio. Heute leben beide im benachbarten Lido di Jesolo, wo sie für das Marketing eines Fünf-Sterne-Resorts zuständig sind. Der Badeort ist eines der meistbesuchten Urlaubsziele Italiens und muss mit fünfzehn Kilometern feinsandigen Strandes, der sich zwischen dem Leuchtturm an der Mündung des Sile und der des Flusses Piave erstreckt, den Vergleich mit Miami Beach nicht scheuen – zumal der traditionsreiche Ferienort dazu noch fünfhundert Kilometer Radwege für sich in Anspruch nehmen kann. Cavallino gleich daneben liefert das Kontrastprogramm. Hier geht es ruhig zu, und mancher, der hier aufwächst, erliegt dem langsamen Rhythmus des Lebens zwischen Lagune und Meer für immer. Zwar ist, wo alles von Brücke oder Boot abhängt, vieles komplizierter als auf dem Festland. Doch die Entschädigung ist reich genug. Romina und Giada führte ihr Schulweg so jeden Tag nach Venedig. Cavallino-Treporti ist an das Wasserbus-System Venedigs angeschlossen; auch Urlauber sammeln sich an bedeckten Tagen in großer Zahl an der Punta Sabbioni am westlichen Ende der Halbinsel, um den *vaporetto* nach Venedig zu nehmen. Eine Grundschule gibt es zwar in Cavallino, doch wer die hinter sich hat, für den wird der Weg länger: Venedig oder Festland sind die möglichen Ziele. »Es nervte immer, so lange im Boot zu sitzen und sich nach den Abfahrtszeiten richten zu müssen«, erinnert sich Gaida – ähnlich, wie es Schulkinder auf dem Festland nervt, auf den Bus zu warten. Doch natürlich hatte der Wasserweg zur Bildung Vorteile, weiß sie heute: »Ich kenne jede Gasse, jede Brücke und jeden Platz in Venedig.«

Andere Kinder pendeln nach Treviso auf dem Festland, um die weiterführende Schule zu besuchen. Aber schneller geht das auch nicht, zudem ist die Anreise auf dem Landweg bei aller Attraktivität Trevisos deutlich weniger spektakulär. Wie exotisch es tatsächlich war, jeden Tag mit dem Boot in eine der faszinierendsten Städte der Welt zur Schule zu fahren, erfasste Giada erst, als sie an Schüleraustauschen teilnahm, ihre Austauschpartner in anderen Ländern besuchte und sie beim Gegenbesuch in ihre eigene Schule mitnahm – per Wasserbus. »Die waren dann ganz fasziniert von meinem Schulweg. Da wurde mir erst klar, dass es etwas Außergewöhnliches ist, in Venedig zur Schule zu gehen, wohin andere Menschen vielleicht nur einmal im Leben kommen.« Und trotz eines Studienaufenthalts in Hamburg, das sie liebt, und zahlreicher Reisen in die Welt ist Giada wie ihre Kollegin Romina fest in der Lagune verwurzelt. »Im Sommer kann das Leben hier wegen der Hitze und der vollen Straßen anstrengend sein«, so Romina. Doch sei die Lage zwischen Meer und Lagune mit nichts zu vergleichen. »Wann immer wir können, fahren mein Freund und ich zum Sonnenuntergang mit unserem Boot nach Torcello«, erzählt sie. Nur ein Dutzend Menschen lebt auf diesem Inselchen. »Nach neunzehn Uhr ist kein Tourist mehr zu sehen. Die Atmosphäre ist einfach magisch.«

Pasta unterm Glockenturm

Immer zog es Amerikaner nach Venedig. Auch Ezra Pound, Ernest Hemingway, Peggy Guggenheim und Donna Leon erlagen dem Zauber der Stadt

Fast alles, was über Venedig gesagt wird, stimmt. Die Zahl der Besucher ist erschreckend – auf einen Bewohner kommen statistisch hundertvierzig Touristen –, die Hitze an einem Augusttag schier unerträglich. Die Preise der Hotels, Bars und Restaurants rund um den Markusplatz gehen ins Lachhafte, die Tauben sind groß wie Hennen. Dass sie fliegen können, grenzt ans Wunderbare. Falsch ist dagegen, dass es hier auffällig viel Kriminalität gäbe. Die Taschendiebe kommen morgens mit den Touristen vom Festland und verschwinden abends wieder. Ansonsten zählt Venedig zu den sichersten Städten Italiens. Die amerikanische Schriftstellerin Donna Leon, die viele Jahre hier verbrachte, hat sie trotzdem zum Wirkungsort eines der populärsten Krimihelden der Gegenwart gemacht: Ihr Commissario Brunetti klärt hier Verbrechen auf und ist dazu als Italiener in Venedig eine fast schon exotische Erscheinung.

Denn als atmosphärische Kulisse sucht diese Stadt noch immer ihresgleichen. Seit Jahrhunderten bewährt sie sich zudem als Quelle der Inspiration. Das funktionierte sogar auf Distanz, und mancher – wie William Shakespeare, der Stücke in Venedig (und in Verona) spielen ließ, ohne dass sein Besuch in diesen Städten überliefert wäre – verewigte die Stadt auf Basis einer ausgeprägten Vorstellungskraft und den Berichten anderer. Die englischen Dichter Lord Byron und Robert Browning sowie der deutsche Schriftsteller Thomas Mann entschieden sich für ausgedehnte Aufenthalte in Venedig, ebenso wie vor ihnen die Kunstgiganten der Renaissance. Aber auch zahlreiche amerikanische Kollegen folgten dem Ruf der *Serenissima*: die literarischen Großkaliber Henry James und Ernest Hemingway, der Dichter Ezra Pound, Komponist und Liedtexter Cole Porter und die Mäzenin Peggy Guggenheim. Venedigs Magnetismus ist universell, wirkt aber auch auf Kreative aus Amerika besonders stark – in der Regel zum Nutzen der restlichen Welt. Peggy Guggenheim hinterließ der Menschheit in ihrem weitläufigen, einstöckigen Palazzo Venier dei Leoni am Canal Grande so ein fabelhaftes Museum mit ihrer Kunstsammlung sowie einen Skulpturengarten mit Friedhof, auf dem sie neben ihren Hunden ihre letzte Ruhe fand.

Ernest Hemingway kam 1948 mit Mary Welsh, seiner vierten Frau. Sie logierten im Hotel Gritti, während der Schriftsteller auf einen Kuss der Musen wartete, sie schließlich in Gestalt einer dreißig Jahre jüngeren italienischen Gräfin fand und an seinem Stammplatz in Harry's Bar zahlreiche Martinis vernichtete – business as usual, könnte man sagen. Neben diesen Verrichtungen schrieb er aber auch. Venedig enttäuschte seine Erwartungen nicht: Nach längerer Schreibpause inspirierte ihn der Aufenthalt in der Lagunenstadt, auf der Insel Torcello und in Caorle zum Roman »Über den Fluss und in die Wälder«.

Für seinen alten Freund Ezra Pound wurde die Stadt hingegen zur Endstation. 1885 in Idaho geboren und einer der wichtigsten amerikanischen Dichter der Moderne, zog sich Pound zunächst auf die Südtiroler Brunnenburg seiner Tochter Mary zurück. Zuvor war er auf Betreiben alter Freunde wie Ernest Hemingway und T.S. Eliot – dessen Gedicht »Das wüste Land« Pound redigiert hatte – aus einer amerikanischen Nervenheilanstalt entlassen worden. Pound hatte sich in erhebliche Schwierigkeiten gebracht, als er während des Krieges in seiner Wahlheimat Italien nicht nur antisemitische und antiamerikanische Reden schwang, sondern seine Ideen auch noch über Radio Rom verbreitete. Diese Aktivitäten brachten ihm eine Einladung von Joseph Goebbels ein – und in seiner Heimat 1943 eine Anklage wegen Landesverrats. Das Treffen mit Goebbels kam nicht zustande, die Amerikaner aber erreichten schließlich Italien. Pound wurde verhaftet und mehrere Wochen lang in einem zwei Quadratmeter großen Käfig auf einem Feld bei Pisa gefangen gehalten. Ein Teil seiner »Cantos« berichtet davon. Noch vor Prozessbeginn ließ er sich in Washington für geisteskrank erklären, wodurch ein Todesurteil vermieden werden konnte. Die Jahre in der Anstalt nutzte er zur Fortsetzung seines Lebenswerks, des Gedichtzyklus »The Cantos«. Die letzten Strophen entstanden auf der Brunnenburg, wo er von 1958 bis 1962 lebte. Mary de Rachewiltz, seine Tochter aus der Beziehung mit der Geigerin Olga Rudge und später Übersetzerin seiner »Cantos«, war bei einer Familie in Gais in Taufern aufgewachsen und trotz gelegentlicher Aufenthalte bei den Eltern in Venedig eine echte Südtirolerin geworden. Pound war bereits mit der englischen Künstlerin Dorothy Shakespear verheiratet, was dieses Arrangement zur Unterbringung der außerehelich geborenen Tochter erforderlich zu machen schien. 1947 kauften Mary und ihr Mann die halb verfallene Burg, damit Pound nach seiner Entlassung ein Refugium zum Schreiben haben würde. Weil ihm aber die Südtiroler Winter zusetzten, zog Pound mit Olga in das Haus in der Calle Querini in Venedig, in dem sie schon vor dem Krieg gewohnt hatten. In seinen letzten Jahren sprach er nicht mehr. Am 1. November 1972 starb er in Venedig, seine letzte Ruhe fand er auf der Friedhofsinsel San Michele.

Venedig ist nicht nur anders als andere Städte, weil es hier keine Autos gibt. Und nicht nur ihre einzigartige Architektur und eine ereignisreiche Geschichte unterscheiden diese Stadt von allen anderen. So viel hat sich in dem Kosmos aus hundertachtzehn Inseln, vierhundert Brücken und hundertsechsundsechzig Kanälen zugetragen, so viel wurde hier ersonnen, so intensiv gelebt, dass ihre Erinnerungen die Stadt einzuhüllen scheinen wie ein schützender Schleier. Denn bei allen Anfechtungen und Problemen hat sie ihren Zauber und ihre Schönheit bewahrt. Schwerindustrie, Riesenschiffe, durch den Klimawandel bedingte Extremwetterlagen setzen ihr zu. Dazu muss sie Jahr für Jahr Millionen Touristen verkraften. Zwar bringen die Besucher Geld, zumindest, wenn sie nicht nur ein paar Stunden hier verbringen. Sie sorgen aber auch für Missmut. Vor allem die Kreuzfahrtschiffe sind äußerst unpopulär, bedrohen sie doch durch ihr Gewicht die fragil gewordene Struktur der Stadt. Seit einigen Jahren dürfen sie immerhin nicht mehr ganz bis zum Canal Grande vorrücken, sondern müssen draußen in der Adria ankern.

Wollen Venezianer zur Arbeit, zum Zahnarzt oder zum Rendezvous gelangen, müssen sie sich ihren Weg durch Touristenströme bahnen: genervt wie oftmals Commissario Brunetti, wenn er sich über die verstopfte Rialtobrücke kämpft. Eine weitere unliebsame Folge der Belagerung ist – wie an anderen von Overtourism geplagten Orten auf der Welt – ein aus den Fugen geratenes Preisgefüge. Für die Einheimischen, die es mit Menschenmassen, logistischen Herausforderungen und Hochwasser aufnehmen, ist es schwierig, erschwinglichen Wohnraum zu finden: »Niemand will an einen Venezianer vermieten, aus

Angst, dass man einzieht und sie einen nie wieder rausbekommen«, lässt Donna Leon in der »Venezianischen Scharade« einen Polizisten die bekannte Klage äußern. Für Hausbesitzer ist es außerdem wesentlich lukrativer, ihre Wohnungen oder Zimmer auf Wochenbasis an Reisende oder Expats zu vermieten, denen oft kaum ein Preis zu hoch ist.

Manche Stadtführer lehnten und lehnen es ab, Führungen auf den Spuren von Leons Krimihelden anzubieten – sie halten es für niveaulos, sich in der Stadt herausragender Kunstschätze mit den Fantastereien einer zugereisten Amerikanerin abzugeben. Zum einen mag es daran liegen, dass Venezianer seit jeher als stolz, womöglich sogar ein wenig schwierig gelten; zum anderen daran, dass Italiener keinen Bezug zu Brunetti haben – schließlich lehnt Leon es ihrerseits ab, ihre Krimis ins Italienische übersetzen zu lassen. Sie wollte in ihrer langjährigen Wahlheimat – 2007 floh sie schließlich vor den Touristenströmen aus der Stadt und übersiedelte in die Schweiz – nie berühmt sein, es sich vielleicht auch einfach nicht mit den Nachbarn verderben. Womöglich nicht zu Unrecht, heißt es doch etwa im zehnten Fall, dem »Gesetz der Lagune«, ganz unverklärt: »Bonsuan rauchte seine Zigarette zu Ende und warf die Kippe über Bord, völlig gedankenlos wie die meisten Venezianer.« Ihre Beobachtungen zu den von ihr diagnostizierten Schrullen im italienischen Persönlichkeitsbild sind oft schroff und scharf, aber nicht immer völlig lieblos. »Und da hatte er jene bemerkenswerte Erkenntnis über die Italiener gewonnen«, schreibt Leon in der »Venezianischen Scharade«, Brunettis drittem Fall. »Es existierte keine Wahrheit jenseits der persönlichen Erfahrung, und alle Beweise, die im Widerspruch zur eigenen Ansicht standen, waren vernachlässigbar.«

Ihre Schauplätze sind authentisch: von der Universität, an der Signora Brunetti lehrt, bis zur Kirche San Stefano, der einzigen in der Stadt, die sich über einen Kanal erstreckt. In der »Venezianischen Scharade« findet der Kommissar in einer Wohnung des Hauses mit der Nummer 3470 gleich gegenüber der Kirche den letzten von drei Toten. Auf dem Platz davor bewundern Besucher den Kirchturm, der sich neigt, als erhöbe er Anspruch, der nächste venezianische Turm zu werden, der in sich zusammenstürzt – das geschieht Beobachtungen zufolge alle hundert Jahre, ist also gut hundertzwanzig Jahre nach dem letzten Einsturz mehr als überfällig, will man dieser Statistik denn Glauben schenken. Am 14. Juli 1902 traf es ausgerechnet den Campanile von San Marco.

Ganz in der Nähe liegt La Fenice, Venedigs legendäres Opernhaus aus dem 18. Jahrhundert. Dass hier 1996 ein verheerender Brand wüten würde, der das gesamte Interieur zerstörte, konnte Donna Leon nicht ahnen, als sie hier in ihrer Brunetti-Premiere »Venezianisches Finale« einen Dirigenten an einer Zyankalivergiftung sterben ließ. Inspiriert wurde sie dabei tatsächlich von einer Opernvorstellung in diesem Haus. Dass die Auftragsvergabe zum Wiederaufbau zu einer Jahre dauernden Posse geriet, fand später ebenfalls Eingang in ihre Romane. Und auch Brunettis Dienststelle, die Questura, gibt es wirklich: Das Commissariato di San Marco liegt gleich an der Ponte San Lorenzo; ein schmales, unscheinbares Haus, in dessen oberstem Stockwerk der Commissario sommers sehr unter der stickigen Hitze leidet. Sein Chef erfreut sich eine Etage tiefer relativer Kühle.

»Castello war das am wenigsten renommierte *sestiere* der Stadt, ein Bezirk, wo vorwiegend solide Arbeiterfamilien wohnten, wo Kinder noch unbeleckt von der italienischen Sprache aufwachsen und nur Dialekt sprechen konnten, bis sie in die Grundschule kamen«, beschreibt Donna Leon ihr Viertel in der »Venezianischen Scharade«. Mit Santi Giovanni e Paolo ist hier überdies eine der schönsten der hundertneunzig Kirchen Venedigs zu finden, in der seit dem 15. Jahrhundert siebenundzwanzig Dogen das letzte Geleit erhielten. Sie hat natürlich auch Eingang in Leons Œuvre gefunden: An ihre Stufen stößt in »Endstation Venedig« eine Leiche, die im Rio di Mendicanti und dann hinaus in die Lagune treibt.

Von hier aus ist es nicht weit zum Rialto-Markt, den man entweder über die notorisch von Touristen und japanischen Bräuten in Hochzeitskleidern verstopfte Rialtobrücke oder breitbeinig im *traghetto* stehend erreicht. Noch immer in adrette blau-weiße oder rot-weiße Hemden gewandet, stehen die *gondolieri* mit Sonnenbrille in ihren Gondeln und sehen aus, als hätte sie erst Giorgio Armani erfunden – zumindest, wenn sie nicht gerade auf die Bildschirme ihrer Smartphones starren.

Auf dem Rialto-Markt, der den verbliebenen Venezianern die Supermärkte ersetzt, versorgt sich auch Brunetti, und in der nahen Cantina da Mori erholt sich der Commissario auf dem Heimweg von der Arbeit bei einer *umbrita vino*, einem Gläschen Wein zu ein paar auf Zahnstochern gepikten Häppchen, die *cicchetti*. Sie türmen sich auf den Theken der Bars und in gläsernen Kästen, mit Meeresfrüchten oder Fisch dekoriert oder in Form von Fleischklößchen, Artischocken, gratinierten Jakobsmuscheln, *crostini* mit gehackter Leber und allen erdenklichen Variationen serviert – eine ständige, allgegenwärtige Verlockung, der hier auch Brunetti erliegt. Obwohl die dunkle Stehbar, deren Decke Kupferkessel zieren, zu den berühmtesten Kneipen Rialtos gehört, sind die Einheimischen hier in der Überzahl – vielleicht infolge ihres entspannteren Umgangs mit Wein während der Tagesstunden. Beim nahen Campo San Polo ist der Commissario zu Hause. Mit seiner Frau und zwei Kindern lebt er vierundneunzig Stufen über Venedig: »Ihre Terrasse lag so hoch, dass man schon in den Glockenturm von San Polo hätte steigen müssen, um zu sehen, was er trieb.«

Allerdings nutzt Brunetti Höhenlage und Abwesenheit seiner Familie lediglich zu einer lässlichen Sünde: Er isst seine *pasta* am Abend eines langen, heißen Arbeitstags ohne Umweg über einen Teller direkt aus der Schüssel.

Nicht ohne meine Maske

Einst versteckten sich Venezianer hinter ihren Masken vor Gläubigern. Kostüme, Masken und Roben sind hier aber noch immer zu finden – nicht nur im Karneval

Der Mann mit grauem Lockenschopf und Bart trägt ein lilafarbenes Hemd, braune Jeans, Stiefel und einen Siegelring. Neben ihm steht eine Schneiderpuppe. Stück für Stück verwandelt er sie in eine venezianische Adelige aus dem 18. Jahrhundert: erst das Unterkleid, dann der »Käfig«, ein mit Schleifen verziertes Gerüst für die Hüften, welches das Passieren von Türen nur seitwärts erlaubt, dann ein rosa Korsett und schließlich die große Robe samt Maske. Der Goldstoff mit königsblauem Muster stammt aus dem legendären venezianischen Haus Luigi Bevilacqua. Zweitausend Euro kostet der Meter. »Die Preise waren im 18. Jahrhundert schon genauso hoch«, erklärt Stefano Nicolao. Für ein anständiges Kleid brauchte man zwanzig Meter. Nicht wenige Adelsfamilien ruinierten sich an ihren Kleiderrechnungen, während Stoffhändler und Schneider aus dem Mittelstand sich wachsenden Wohlstands erfreuten.

Stefano Nicolao fertigt Kostüme außer für den Karneval auch für Theaterinszenierungen, Fernsehproduktionen und für Filme wie »Farinelli«, »Marco Polo«, »Elizabeth« und »Marie Antoinette«. Je historischer der Stoff, desto mehr Arbeit für den Spezialisten. Aber auch im Fantastischen ist sein Können gefragt: Für »Der Herr der Ringe« entwarf er schwarze Rüstungen. Und natürlich sind er und sein Team auch regelmäßig mit den Kostümen für die Aufführungen im legendären Opernhaus La Fenice betraut.

Mit Fresken, Wandgemälden, bunten Teppichen, Ottomanen und goldenen Stühlen wirkt sein Atelier mit angeschlossenem Kostümverleih im Stadtteil Cannaregio selbst wie eine Filmkulisse. Von hier aus sieht sogar die Wasserstraße vor dem Haus so aus, als wäre es völlig unbedenklich, nach der Anprobe gleich in historischer Gewandung ins Wassertaxi zu steigen.

Prachtvolle Kostüme hängen auf Kleiderstangen, in Schaukästen und auf Schaufensterpuppen; Renaissance-Roben, die fünf Kilogramm schweren Jacken der Höflinge aus »Elizabeth« über die erste englische Monarchin dieses Namens und jene Kostüme, die aus dem gemeinen Mann in wenigen Schritten eine Erscheinung machen: mit weißer Rüschenbluse und kleidsamer Kniebundhose, bestickter Weste, Jacke und Mantel sowie schwarzem Seidenüberwurf, Dreispitz und der obligatorischen Maske.

Ihre Blütezeit erlebte die Maske im 18. Jahrhundert, als viele Venezianer sie gar nicht mehr abnahmen. Am zweiten Weihnachtstag begann der Karneval. Zur Fastenzeit wurde eine Pause eingelegt, dann ging es zurück zu Bällen, in die Oper und an den Spieltisch, bis der nächste Winter begann. In den Zeiten des Niedergangs der Handelsmacht, als Seide und Gewürze auch anderswo zu haben waren, bot die Maskierung auch psychologische Stütze. Manches Mitglied eines verarmten Adelshauses wollte angesichts der nicht enden wollenden Krise nur noch eines: sich verstecken. Praktisch war die Maskerade außerdem, erlaubte sie doch, sich unerkannt von Gläubigern durch die Stadt zu bewegen. Nur am Roulettetisch war sie verboten – damit sich dort niemand niederließ, dessen Vermögen womöglich längst verspielt war.

Als die Republik 1797 endgültig zusammenbrach, war die Party vorbei. Erst 1979 wurde der Karneval in Venedig wiedergeboren. Ein Theaterschaffender hatte die Idee, in der Lagune vor dem Markusplatz Stücke zu inszenieren; die Besucher sollten maskiert erscheinen. Seither ziehen die Venezianer wieder in voller Kostümierung auf den Markusplatz. Für rund zweihundertfünfzig Euro pro Tag bekommen sie bei Nicolao die passende historische Robe für die Tage, die hier nicht toll sind, sondern märchenhaft: Statt lärmender Narren und von Kapellen flankierter Umzüge sieht man Kostümierte, die in Gondeln lautlos durch die Kanäle des winterlichen, wie verzauberten Venedig gleiten.

Obwohl das Ende Venedigs als Wirtschaftsmacht schließlich auch den Niedergang der örtlichen Textilindustrie bedeutete, sind neben Nicolao noch einige andere Spezialisten vertreten, die keine Konkurrenz aus Asien fürchten müssen. Manche Marken besitzen eben neben der Aura einer glamourösen Geschichte auch den Vorzug, eine Klientel anzusprechen, die schwindelerregende Preise eher als Argument für den Erwerb einer Ware begreift, statt sie als abschreckend wahrzunehmen. Solche Firmen können es sich leisten, über alle Krisen hinweg an ihrem Standort festzuhalten.

In der Fertigungsstätte von Fortuny auf der Insel Giudecca, die den Wandel von einer eher schlichten Arbeitergegend zum Trendviertel längst vollzogen hat, sind stoffbezogene Notizbücher für siebzig Euro zu kaufen. Im kleinen, aber überaus eleganten Showroom hängen prachtvolle Stoffe von den Wänden. Knapp vierhundert Euro kostet der Meter. Bei Fortuny werden nicht mal Überlegungen angestellt, die Produktion wenigstens aufs preiswertere italienische Festland zu verlagern.

Die teuren Stoffe werden aus reiner Baumwolle und natürlichen Farben hergestellt; ihre hundertfünfzig verschiedenen Muster hat alle Firmengründer Mariano Fortuny entworfen. Dass kein Stoff ganz genau aussieht wie der nächste, liegt an der Drucktechnik, die den Stoffen zudem besondere Haltbarkeit verleiht. Sie ist geheime Verschlusssache, weshalb kein Außenstehender die 1922 auf einem ehemaligen Klostergelände eröffnete Fabrik betreten darf, in der noch die von

Fortuny selbst entwickelten Maschinen aus dem Gründerjahr arbeiten.

Drei Monate braucht es, bis ein Meter Stoff teils in Handarbeit vollendet ist – da empfiehlt es sich, beizeiten vor dem Renovieren zu bestellen, und der Auftrag der niederländischen Königsfamilie, die früh im Jahrtausend gleich zweitausendfünfhundert Meter orderte, lässt annehmen, dass sich in der Halle ziemlich viele Maschinen befinden.

Heute stellen vor allem Innenarchitekten mit vermögenden Klienten die Kunden des Hauses, das sich nur mehr auf Dekostoffe für Möbel, Kissen und Wände spezialisiert – quasi als Kostümierungen fürs ganze Haus. Mariano Fortuny y Madrazo selbst, der 1871 in Granada in eine Intellektuellenfamilie geborene Künstler, Designer, Kostümbildner und Erfinder, entwarf auch duftige Kleider aus Seidenplissee für Kundinnen wie die Schauspielerin Eleonora Duse und die Tänzerin Isadora Duncan. Berühmt wurde das Delphos-Kleid, das den Körper umgab wie die Toga eine frührömische Statue: fließend, elegant und so hauchdünn, dass man schon beim Betrachten den Bauch einzieht. Seine Kleider brachten auch Marcel Proust ins Schwärmen, der sie in »Auf der Suche nach der verlorenen Zeit« verewigte.

Nach seinem Tod 1949 stand in der Fabrik kurze Zeit alles still, bis Fortunys Witwe Henriette die Geschäftsführung an die Gräfin Elsie Lee Gozzi übertrug, die schon zuvor den Verkauf im

New Yorker Geschäft organisiert hatte. Neben dem Unternehmen gab die nach Italien verheiratete Amerikanerin auf dem Gelände fortan auch glamouröse Gartenfeste.

Einige seiner üppigen, von der Renaissance wie von der Antike inspirierten Kleider sind in Fortunys Palast ausgestellt, der heute ein Museum ist. Ein wenig versteckt liegt der Palazzo Pesaro degli Orfei am Campo San Benedetto hinter dem Campo San Angelo. 1899 erwarben Mariano und Henriette Fortuny den Stadtpalast, wo der vielseitig begabte Künstler malte, Bücher band, fotografierte, mit Textilfarben experimentierte, bis er seine einzigartige Technik entwickelt hatte, sowie Theaterkostüme, Möbel und Lampen entwarf.

Gemälde, Wandbehänge und Fortunys selbst entworfene Lampen im Art-déco-Stil verleihen dem halbdunklen Palazzo eine unwirkliche Atmosphäre. Wären nicht die Museumswärter, man könnte glauben, tatsächlich beim Künstler zu Gast zu sein. Vor den Fenstern im zweiten Stock fällt unendlicher Nieselregen vom Himmel. Liegt es am schlechten Wetter, an der sonntäglichen Stille draußen oder am lebendigen Erbe des kreativen Überfliegers? Jedenfalls wirkt Venedig hier, wenige Minuten vom Canal Grande entfernt, wie eine ganz normale norditalienische Stadt – ohne Souvenirs und ohne Touristenmassen. Allerdings wie eine, in der es normal ist, mit Dreispitz aus dem Haus zu gehen.

Sieben Strände, dreizehn Inseln, noch mehr Aal

Das Po-Delta und die Lagunen von Comacchio bilden eine kaum berührte Naturlandschaft mit faszinierendem Kulturerbe. Am besten lässt sie sich per Rad erkunden

Im Wasser der Kanäle spiegeln sich schlanke Fassaden, Türme und die Brücken, die hier Kreuzungen ersetzen. Vor Restaurants und Bars sitzt man bei Meeresfrüchten, gegrilltem Aal oder dem Absacker. Teenager treffen sich auf der Trepponti. Diese eindrucksvolle Brückenkonstruktion des auf dreizehn Inseln erbauten Comacchio überspannt mit ihren fünf Treppen gleich drei Kanäle. Obwohl es sich in der kühlen Abendluft herrlich flanieren lässt und das goldene Licht der Laternen das Städtchen geradezu verklärt, verströmt die kleinere Cousine Venedigs eine geradezu hypnotische Ruhe.

Selbst in der Hochsaison sind im südlich des Po-Deltas gelegenen Städtchen mit zweiundzwanzigtausend Einwohnern vergleichsweise wenige Urlauber unterwegs. Obwohl sich im Radius von einer Autostunde neun UNESCO-Welterbestätten befinden, die Strände vor der Stadt zudem so breit und einladend sind, wie es sich für die Adria gehört, leistet sich Comacchio im

Vergleich mit Venedig oder dem nahen Ravenna ein zurückgezogenes Leben. Wegen dieser Atmosphäre machte ein namhafter Nudelproduzent Comacchio zur Kulisse eines Werbespots, der Italiens Kernkompetenzen in den Bereichen Geschichte und Genuss mit einem guten Schuss Nostalgie verbindet. Zu dick aufgetragen war das nicht. In der Hitze des Nachmittags springen Kinder fröhlich quiekend in Kanäle, am späten Abend herrscht himmlischer Friede, zwischendurch tafelt man in *trattoria* oder *ristorante* – es ist ein Idyll, das mit Massentourismus nicht viel zu tun hat.

Tatsächlich stand die Zeit in Comacchio sogar lange still. »Als ich 1980 in die Schule kam, sah ich auf meinem Schulweg immer Ratten und Mäuse an den Kanälen«, erinnert sich Riccardo Rescazzi, der zwanzig Jahre später die ersten Hotelzimmer mit Bad in der Altstadt eröffnen sollte. Erst 1954 hatte Comacchio einen eigenen Brunnen erhalten; bis dahin hatte Wasser per Boot herangeschafft und Regenwasser gesammelt werden müssen. Auch sonst war das Leben nicht leicht. Der Sommer brachte außer Hitze auch Mückenplagen, der Winter Kälte. Tatsächlich pfeife der Wind in der kalten Jahreszeit nicht selten mit hundertzwanzig Stundenkilometern, so Riccardo. 1982 wurde die Altstadt dann an die Kanalisation angeschlossen. »Zuvor landeten die Abwässer in den Kanälen«, sagt Riccardo. »Von einem Moment zum nächsten wurden wir vom Mittelalter in die Moderne katapultiert.« Zu einem Zeitpunkt allerdings, als anderswo an der Adria der Badebetrieb längst auf Hochtouren lief. Heute bedeutet die verträumte Atmosphäre auch Kapital – nicht nur als Drehort für Werbespots. »Wenn es an den Stränden lebhaft wird, ist es hier noch immer ruhig«, so Riccardo. Sieben Strände erstrecken sich in einer Entfernung von drei bis sechs Kilometern vor der Stadt. Am nördlichsten von ihnen, dem spät erschlossenen Lido di Volano, kann man sogar wilde Camargue-Pferde und Damwild sehen. »Wir haben eine fantastische Naturlandschaft ohne Motoren und ohne Lärm«, erklärt Riccardo mit Stolz. »Unsere Mission muss sein, nachhaltig zu wachsen, was sehr schwierig ist. Aber essenziell für unsere grandiose Natur.«

Auch deshalb erklärte die UNESCO im Jahr 2015 hundertvierzigtausend Hektar des Po-Deltas zum Biosphärenreservat, die Lagunen von Comacchio gehören dazu. Der Fluss Po und seine Nebenarme, das Meer und die Menschen haben eine einzigartige Landschaft aus Dämmen, Inseln, Wasser und gleißendem Licht geformt. Das Museo Delta Antico in Comacchio erklärt multimedial, wie sich das Mündungsdelta seit dem Altertum immer wieder veränderte, die Mündung des Flusses sich im 12. Jahrhundert nach Norden verschob und angespülte Sedimente schiffbare Kanäle und Adriahäfen wie den Ravennas versanden ließen. Zurück blieb die Lagunenlandschaft, doch die großen Zeiten waren mit der Abwanderung des wichtigen Wasserwegs vorbei. Das Museum erzählt von der langen Blüte Comacchios, das im Altertum Spina hieß und im Mittelalter Bischofssitz und Handelsstadt war – bis der launische Fluss sich entschied, sein Hauptbett zu verschieben. Fortan begrub man allen merkantilen Ehrgeiz und setzte stattdessen auf Landwirtschaft und Fischfang, insbesondere auf den Aal.

Im 19. und 20. Jahrhundert wurde fast die Hälfte der einstmals zwanzigtausend Hektar umfassenden Lagunen trockengelegt. Dabei trat manche Überraschung zutage: Außer viertausend Etrusker-Gräbern auch ein zwischen den Jahren 19 und 12 vor der Zeitenwende gesunkenes römisches Handelsschiff mit – durch die Abwesenheit von Sauerstoff – erstaunlich gut erhaltener Fracht aus dem Sand. 1980 wurde es gefunden, ein Jahr später mit der Ausgrabung begonnen. Fracht und die Besitztümer der Menschen an Bord sind heute im Museo Delta Antico zu sehen: Kleidung, Schuhe, Taschen, ein Würfel aus Holz und Elfenbein und wasserdichte Kästen für Gepäck der Passagiere und Besatzungsmitglieder; zahlreiche mit Kalkstöpseln verschlossene Amphoren für Wein und Olivenöl sowie das Schwert eines römischen Soldaten erzählen vom unglücklichen Ende der Reise. Auch Frauenschuhe und die Sandale eines Kindes oder eines jungen Matrosen wurden gefunden und zeugen von einer tragisch gemischten Reisegesellschaft. Dass Passagiere auf Handelsschiffen reisten, war üblich. Dass hier auch hundertzwei Bleibarren aus spanischen Minen mit jeweils knapp zwanzig bis gut einundvierzig Kilogramm Gewicht an Bord waren, war vermutlich weniger gewöhnlich und mag letztlich den Untergang beschleunigt haben. Die auf die Barren gestempelte Inschrift mit den Initialen von Marcus Vipsanius Agrippa, dem Feldherrn, Vertrauten und Schwiegersohn des ersten römischen Kaisers Augustus, ist deutlich zu erkennen.

Heute sind zwölftausend Hektar Lagunen erhalten, in denen es noch ruhiger zugeht als in Comacchio. Sie beginnen fast unmittelbar hinter den Grenzen der Altstadt. Am leichtesten nähert man sich ihnen mit dem Fahrrad, das hier aufgrund schmaler Dämme und einiger nur mittels kleiner Fähren zu querender Wasserwege das ideale Fortbewegungsmittel darstellt. Einen Steinwurf jenseits der Trepponti führt die Brücke San Pietro zu einem von Fischfangstationen mit Netzen flankierten Kanal. Bald breiten sich die Wasserflächen der Lagunen aus. Nahe dem Restaurant Bettolino di Foce, in dem Aal mariniert oder als Eintopf serviert wird, starten Bootstouren durch die Lagunen.

Hier lassen sich mehr Möwen, Kormorane, Silber- und Graureiher als Menschen sehen – von Flamingos gar nicht zu reden. Zwanzigtausend der auffälligen rosafarbenen Vögel sollen hier mittlerweile heimisch sein. Erst vor dreißig Jahren kamen sie aus der Camargue und aus Sardinien hierher, finden vermutlich infolge des sich ändernden Klimas gute Lebensbedingungen vor und sind seither zu einer Attraktion geworden, die dem Aal in allen Zubereitungsformen ernste Konkurrenz macht.

An Bord der kleinen Ausflugsboote beginnt das Spektakel nach wenigen Minuten. In zwanzig, dreißig Meter Entfernung scheint ein großer, pinkfarben und orange leuchtender Vogel ungelenke Schritte auf dem Wasser zu versuchen, schließlich nimmt er die Flügel zur Hilfe und strampelt sich in die Luft. Was zunächst unbeholfen wirkt, entwickelt im Flug Eleganz. Im Wasser stehen Dutzende der Vögel dekorativ auf einem Bein oder staksen umher.

Guide Emanuele Luciani, der seit 2016 Touren in die Lagune begleitet, weiß, dass die Flamingos die Lieblinge des Publikums sind. Doch er sorgt dafür, dass seine Gäste den Naturraum in seiner ganzen Komplexität erfassen. Dreihundertfünfzig Vogelarten, unter ihnen Brachvögel, Schleiereulen und Austernfischer, kommen in der Lagune vor, außerdem Füchse und jede Menge Fisch. Der wichtigste ist der Aal, der die Menschen in Comacchio seit jeher ernährt.

Emanuele, dessen Leidenschaft eigentlich der Vogelwelt gilt, kennt alle Geheimnisse der schlangenartigen Wesen. Zunächst klärt er Grundsätzliches: »Der Aal ist der fantastischste Fisch auf der Welt.« Emanuele weiß, dass Aale in der natürlichen Umgebung der fernen Sargassosee schlüpfen – ohne bereits festgelegtes biologisches Geschlecht, das sich erst später aufgrund spezifischer Lebensbedingungen entwickelt –, dass sie mithilfe des Golfstroms Tausende Kilometer bis Europa zurücklegen, dass sie mehrere Tage an Land überleben können und es sie im Spätherbst zum Laichen zurück in den Atlantik zieht. Auf diesem Weg fingen die Fischer von Comacchio sie einst tonnenweise ab. Heute sind die Fangquoten sehr niedrig angesetzt, da der Aal auch infolge dieses frühen Raubbaus an den Beständen bedroht ist. So erklären sich die heutigen Preise für die Delikatesse, die sich in den Restaurants der Altstadt Comacchios köstlich zubereitet genießen lässt. Im Frühjahr öffneten die Fischer die Schleusen, damit junge Tiere in die Lagune gelangten, dann schlossen sie sie. »Die Aale wuchsen, die Fischer warteten in ihren Hütten in der Lagune«, so Emanuele. Im Herbst schlug dem Fisch die Stunde. In kalten, stürmischen Nächten, wie sie in dieser Zeit vier-, fünfmal vorkommen, streben erwachsene Aale zum Meer. Aufgehalten wurden sie von den *lavorieri*, komplizierten Fallen aus mobilen Barrieren und Reusen am Zugang zur Adria. Von dort ging der Fang lebendig direkt in die Räucherei von Comacchio. Sie ist heute ein Museum, kehrt aber alljährlich im Herbst zu ihrer eigentlichen Bestimmung zurück, wenn hier wieder Aale gegrillt und in Konserven gefüllt werden. Wie es hier noch vor ein paar Jahrzehnten zuging, zeigen im Obergeschoss Szenen aus dem Film »Die Frau vom Fluss« (*La Donna del Fiume*) aus dem Jahr 1954 mit Superstar Sophia Loren. Mit schweißglänzenden Armen, die Nase matt gepudert, räuchert sie zu Beginn des Films in der Halle mit den zwölf riesigen Kaminöfen Aale am Spieß und radelt nach Feierabend davon, um auf einer Fähre mitsamt Rad auf ein Inselchen überzusetzen – genauso, wie Radfahrer es auf ihren Touren durch die Lagune noch heute machen.

Da Vincis Hafen

Cesenatico ist ein Epizentrum adriatischen Badelebens und zugleich im Herzen ein Fischerdorf mit Geschichte geblieben

Drei Frauen sitzen im Auditorium der kalten Auktionshalle und dreißig Männer. Die Wände zieren die historischen Segel von Cesenaticos alteingesessenen Fischerfamilien. »Rauchen, Spucken, Trinken, Essen verboten«, mahnt ein Schild. Ein Schriftband über der Cabine del Commando, in der Gabriele Teodorani den Fang der Nacht versteigert, zeigt den Namen des Fischs und den Preis pro Kilo an. Während die Ware über ein Transportband läuft, sinkt der Preis in Sekunden in Zehn-, Zwanzig- oder Fünfundzwanzig-Cent-Schritten – je nachdem, ob Tintenfisch, Seebarbe oder Garnelen in den Steigen liegen. Ein Blick, ein Knopfdruck. Wer zögert, verliert die Ware an einen anderen Händler oder Küchenchef. Blitzschnell und unter einigem Geschrei ist jede Kiste verkauft. Der Computer weiß, wer bei der Bank keinen Kredit mehr hat. Die rote Lampe, die den Verkauf signalisiert, leuchtet beim Knopfdruck des Einkäufers gar nicht erst auf, wenn der mit Zahlungen im Rückstand ist.

Seit über dreißig Jahren verkauft Gabriele Teodorani im Mercato Ittico den Fang von Cesenaticos Fischern. Zwischen siebenhundert und achthundert Kisten rollen täglich übers Band, nach der vierzigtägigen Schonzeit des Hochsommers sind es doppelt so viele. Trotz dieser ansehnlichen Menge hat sich die Fischerei an der nördlichen Adria verändert. »In meiner Kindheit lebten siebenhundert Fischer in Cesenatico, heute sind es gerade mal siebzig«, sagt er. In den sechziger und siebziger Jahren hatten die Fischer kleinere und langsamere Boote. »Heute sind die Boote schneller, aber es gibt weniger Fisch.« Immer weiter müssen die Fischer in die überfischte Adria hinausfahren, um genug zu fangen.

Es ist nicht die einzige Unwägbarkeit ihres Berufs. Im Winter können sie bei Nebel oder Sturm oft tagelang nicht arbeiten und verdienen nichts. Stimmt das Wetter, stehen sie mitten in der Nacht auf oder fahren schon am Abend hinaus. Wer größere Fische oder Kaisergranaten fangen will, hier die teuersten Meeresfrüchte, muss sich mindestens zwölf Seemeilen vom Hafen entfernen. Schon um Benzin zu sparen, bleiben die Fischer dann gleich zwei Tage auf dem Meer. Auch deshalb verlegen sich viele auf Miesmuscheln, die auf Pfählen gezüchtet werden. So wie Paolo Polini, der sein Geld jahrzehntelang als Fischer verdiente. »Vor dreißig Jahren bin ich um drei, vier Uhr morgens raus und war mittags wieder im Hafen«, sagt Paolo. »Heute fahren die Jungs schon abends um achtzehn Uhr.« Als sich vor acht Jahren die Gelegenheit bot, eine Konzession für Miesmuschelzucht zu übernehmen, schlug er zu. Jetzt fährt er bei Sonnenaufgang aufs Meer, kommt mittags zurück und ist nachmittags am Strand.

Sein Schiff »Marina Blu« liegt im Hafenkanal von Cesenatico, jener ebenso schmuckvollen wie sinnigen Konstruktion, die der große Leonardo da Vinci Anfang des 16. Jahrhunderts als Ankerplatz für das landeinwärts gelegene Cesena entwarf. Noch heute wird der Kanal nach dem von da Vinci ersonnenem Verfahren entsandet. Am Kanalende liegen die historischen Schiffe des maritimen Museums im Wasser, ihre bunten Segel blähen sich unter blauem Himmel vor pastellfarbenen Fischerhäusern. In der Pescaria, der 1911 erbauten und sechzig Jahre später restaurierten Markthalle für Fisch, kaufen die Bürger Cesenaticos Tintenfisch und Seezunge, Mies- und Venusmuscheln fürs Abendessen. Gleich dahinter verströmt auf der Piazzetta delle Conserve neben steinernen Eisbecken, in denen die Fischer einst ihren Fang frisch hielten, ein Obst- und Gemüsemarkt den Duft reifer Pfirsiche und frisch aufgeschnittener Wassermelonen. Hier wirkt Cesenatico so dörflich, als gäbe es den endlosen Strand nicht, in dessen Schatten am ganzen Küstenabschnitt ungezählte Hotels, Restaurants, Eisdielen und Boutiquen entstanden sind.

Sechsundzwanzigtausend Menschen leben in Cesenatico, im Sommer sind es wesentlich mehr. Zu den bekanntesten gehörte der Dramatiker und

Literaturnobelpreisträger Dario Fo, der bis zu seinem Tod im Jahr 2016 seine Sommer in Cesenatico verbrachte. Auch der Regisseur und Oscar-Preisträger Roberto Benigni ist hier heimisch. Denn auch im Winter ist Cesenatico weder trüb noch trostlos. Der Hafen ist immer belebt, und am Wochenende strömen die Bewohner des Hinterlands in die Fischrestaurants des Städtchens.

An der Ausfahrt des Hafens, auf der Piazza Spose Marinai, dem Platz der Fischerfrauen, steht die Skulptur »La Mà« des Bildhauers Quinto Pagliarani. Diese Mutter schaut mit ihren Kindern aufs Meer hinaus, so wie die Frauen der Fischer hier immer schon nach ihren Männern Ausschau hielten. Ihre Boote erkannten sie an den farbigen Segeln. Cesenatico, das in den sechziger Jahren deutschen Urlaubern zum Inbegriff sommerlicher Badefreuden wurde, ist im Herzen ein Fischerort geblieben. Würde die Madre nach rechts blicken, sähe sie den breiten Strand, der sich bis zum Horizont streckt, gestört nur durch die Silhouette des 1958 vollendete Wohnturms. Mit einer Höhe von hundertachtzehn Metern war der Grattacielo di Cesenatico seinerzeit das höchste Gebäude Italiens und galt als Inbegriff modernen Lebens. Längst hat man gelernt, an ihm vorbeizuschauen.

Neben der Hafenausfahrt erhebt sich eines von gleich zwei Grand Hotels der Stadt. Nach Niedergang und langem Leerstand wurde das Grand Hotel da Vinci 2013 als erstes Fünf-Sterne-Haus am Platz zu neuem Leben erweckt. In den achtziger Jahren war eine kaufmännische Schule in dem von zwei Villen gerahmten Gebäude untergebracht, später wurde es als Ausstellungsfläche genutzt und schließlich wegen Baufälligkeit geschlossen – eine Schwäre im schönsten Teil der Stadt. Dann kam Antonio Batani, der an dieser Küste legendäre, 2015 verstorbene Hotelier und Inhaber eines Dutzends Hotels an der nördlichen Adria. 2007 hatte er bereits das Grand Hotel in Rimini gekauft. Da war er mit neunundsechzig Jahren eigentlich schon im Ruhestand und sein Sohn Gianni, dessen tragischen Tod durch eine Covid-Infektion im Jahr 2022 der Vater nicht mehr erleben musste, längst seine rechte Hand. Antonio Batani restaurierte den 1908 als Luxusherberge eröffneten Prachtbau, den Federico Fellini 1973 im Film »Amarcord« unsterblich gemacht hatte, und führte das Hotel zu neuem Ruhm. Als Nächstes nahm Batani sich seines Pendants in Cesenatico an. Die weiße, von Pinien flankierte Fassade, eine funkelnde Lobby, schwelgerisch gestaltete Zimmer und der Strand, an dem viel freie Fläche zwischen den milchkaffeefarbenen Liegen ortstypisches Sonnenbaden in Sardinenformation neu und luftig interpretiert, knüpfen an den frühen Glanz an.

Schon immer, so sagt man hier, habe der Unternehmer aus Rimini ein besonderes Gespür nicht nur für gute Gelegenheiten besessen, sondern sich auch die Zeit genommen, den Menschen zuzuhören. Als der Tourismus an der nördlichen

Adria in den späten achtziger Jahren durch die Algenpest annähernd zum Erliegen kam und viele Hoteliers verkauften, sprach er mit den Fischern, die er seit seiner Kindheit kannte. Er solle sich keine Sorgen machen, sagten die, so etwas komme alle fünfzig Jahre vor: Das Meer sei wütend und stoße alles von sich; bald werde es wieder besser aussehen. Batani verließ sich darauf und kaufte zu günstigen Preisen. Heute gilt die Wasserqualität an der Küste trotz Einleitungen aus dem Fluss Po als gut, vielerorts sogar als ausgezeichnet, was an den Stränden die blaue Flaggen dokumentieren. Seit dem Sommer 1988 überwacht das Forschungsschiff »Daphne II« die Gewässer der Adria auf hundertdreißig Kilometern zwischen Lido di Volano und Cattolica und überprüft die Qualität der Gewässer bis zu einer Entfernung von zwanzig Kilometern vor der Küste.

»Von Mai bis September messen wir wöchentlich, in der übrigen Zeit des Jahres vierzehntägig an insgesamt fünfunddreißig Stationen«, erklärt Dr. Cristina Mazziotti, Leiterin der ozeanografischen Einrichtung Daphne, die außer dem Schiff auch ein regionales Referenzzentrum für die Überwachung des Ökosystems des Meeres umfasst.

Alle Messwerte werden sofort veröffentlicht. Das Vorgängerschiff der »Daphne II« war seit 1977 in den Küstengewässern der Emilia-Romagna unterwegs, sodass der Zustand der Adria in der Emilia-Romagna seit über vierzig Jahren überwacht wird. Die »Daphne II« ist ein echtes schwimmendes Labor; mit Multiparametersonden werden an Bord Transparenz, Temperatur, Salzgehalt, Sauerstoff, Chlorophyll und pH-Wert des Wassers gemessen. Mit oftmals überraschenden Ergebnissen: Selbst im Sommer des Jahres 2023, der von heißen und trockenen Wetterperioden ebenso geprägt war wie von dem schweren Hochwasser, das zu Beginn des Sommers Millionen Kubikmeter Regenwasser und Schlamm aus dem Hinterland ins Meer spülte, war der Zustand des marinen Ökosystems sehr gut.

»Die Süßwassermassen trübten das Meer tagelang und brachten Nährstoffe aus dem Hinterland mit sich«, berichtet Mazziotti. Innerhalb weniger Wochen verteilten sie sich im Meer, und das Wasser der Region wies wieder durchschnittliche Bedingungen auf. »Trotz der Überschwemmungen wurden bei den Analysen etwa neunzig Prozent der Badegewässer an den achtundneunzig überwachten Küstenabschnitten als ausgezeichnet im Sinn des Gesundheitsministeriums eingestuft.«

Muschelbauer Paolo hält die Qualität des Meerwassers ebenfalls für gut. »Das Wasser ist hier so sauber, dass wir die Muscheln sofort essen können«, sagt er. Anderswo müsse man sie vor dem Verzehr vierundzwanzig Stunden in Wasser legen. Ihm machen andere Dinge Sorgen, vor allem die mobilen Gasförderungsplattformen, die bis zu einem – mittlerweile wieder etwas vernachlässigten – Bohrstopp im Jahr 2019 jeden Tag mit Millionen Kubikmetern Meerwasser ihre Aggregate kühlten und sie als destilliertes Wasser ins Meer zurückleiteten. Mehr als hundert Plattformen stehen in der Adria, viele davon allerdings stillgelegt. Seit Russlands Überfall auf die Ukraine denkt man intensiv darüber nach, die Förderung der eigenen Gasreserven wiederzubeleben. Die Bedenken von Umweltschützern – und Fischern – sind jedoch groß. In der Ferne, jenseits der Bojen, die die Konzessionen der Farmer markieren und für sie so klar lesbar sind wie Zäune im Schrebergarten, liegen zwei Plattformen im spiegelglatten Wasser. »Die machen unser Meer kaputt«, so Paolo. Muschelfarmen hingegen seien die Lungen des Meeres, weil jede Muschel Wasser filtere. Umweltschonend sei die Zucht außerdem, weil die Muscheln hier nicht vom Meeresboden geklaubt, sondern auf Holzpflöcken gezüchtet werden.

Ab und zu nimmt Paolo Urlauber mit aufs Meer, mindestens zehn müssen es sein, damit sich der Aufwand lohnt. Dann ist auch Lily an Bord, Paolos Frau. Er steuert das Boot und zeigt den Touristen, wie Muscheln gepflegt und geerntet werden, zurück im Hafen servieren er und Lily an Bord ein mehrgängiges Essen. Auf dem Meer schauen die Urlauber zu, wie Paolo und Sohn Diego Muschelstöcke aus dem Wasser ziehen. Jeder Handgriff von Vater und Sohn sitzt, sie sprechen kaum bei der Arbeit. An Bord sortiert eine Maschine zu kleine Exemplare aus, wäscht die Meeresfrüchte und füllt sie in einen Netzschlauch. Diego schneidet ihn in gleich große Stücke; jedes wiegt zwischen fünfunddreißig und vierzig Kilogramm.

Lily, eine gebürtige Schweizerin, erzählt abwechselnd auf Deutsch und Italienisch: Wie Paolos Großvater, der noch mit dem Segelboot aufs Meer hinausfuhr, seiner Frau am Sterbebett versprach, dass ihr gerade geborener Sohn, Paolos Vater, nicht Fischer werden würde; wie der folgte und sein Geld als Kellner verdiente. Für die nächste Generation aber galt das Versprechen nicht mehr. Paolo lockte das Meer, ebenso wie Diego, den mittleren Sohn Paolos und Lilys, dem es in der Schule nie recht gefiel und der schon mit vierzehn quengelte, er wolle aufs Meer, sonst gar nichts. Mit sechzehn fing er an, arbeitete erst bei einem anderen Fischer, dann auf dem Boot des Vaters, später mit einem Kompagnon. Als auf der »Marina Blu« eine der drei Konzessionen frei wurde, die jeweils zweitausend Meter Muschelstöcke umfassen, stieg Diego beim Vater ein. Seither arbeiten beide in der Landwirtschaft. Denn dazu zählt der Staat die Miesmuschelzucht. Finanziell bringt das Vorteile, da die Unwägbarkeiten der Natur durch mildere Besteuerung abgefedert werden. Denn wenn im Winter Stürme toben, Wind und Wellen die Muschelstöcke zerlegen, kommt keine Versicherung für die Schäden auf.

»Das gelbe Boot da drüben sank letzten Winter bei einem Sturm«, sagt Paolo und zeigt auf eines der Schiffe, die zwischen den Bojen liegen. Der Kollege rammte beim Versuch, während eines Sturmes die Bestände zu retten, einen der Stämme, auf denen die Muscheln wachsen. »In wenigen Minuten war es verschwunden«, sagt Paolo. Fast genauso schnell wurde die Besatzung aus dem Wasser gefischt. Später schleppten die Muschelfarmer das havarierte Boot in den Hafen, gegen den ausdrücklichen Rat der Hafenpolizei, die es verloren gab. Es wurde repariert, die Maschine zum Sortieren und Waschen der Muscheln aber behielt das Meer.

Zurück im Hafen gehen die Muscheln zur Kooperative Casa del Pescatore und die Passagiere zu Tisch. Es gibt in Essig, Weißwein und dem süßen Salz Cervias marinierte Sardinen, dann Muscheln, Pasta und schließlich Kuchen. Das Festmahl dauert so lange wie die Fahrt zu den Bänken. Der Wein fließt in Strömen, bald plaudert man an Bord wie unter Freunden, von denen man sich nicht trennen mag. Dann greift Paolo zum Mikrofon. Mit klangvollem Bariton singt er in Leonardos schönen Hafen hinaus: *Con te partirò* – mit dir werde ich fortgehen, auf Schiffen über die Meere.

Mosaiken und Meeresrauschen

Besuch bei Dante: Zwischen Ravenna und Milano Marittima verbindet sich Strandleben mit Kulturgenuss

Im Eiscafé L'Ottocento sitzen die Gäste auf der luftigen Terrasse an Marmortischen unterm von üppig verzierten Säulen gestützten Dach. Die Eiskreationen in den Bechern vor ihnen sind kaum weniger kunstvoll gestaltet: Eis, Joghurt, Früchte und mit Likören dekorierte Sahne türmen sich in Schalen. In Gläsern leuchten Cocktails in Farben des Himmels zum Sonnenuntergang. Auch das Interieur ist mit funkelnden Lüstern, edlen Fliesen und der Theke aus Holz eine echte Augenweide. Die *gelateria*, die zu Milano Marittima gehört wie *bagni* und Designerboutiquen, ist in einer Villa mit Vergangenheit heimisch. Trotz einer erstaunlichen Entwicklung im vergangenen Jahrhundert hat der elegante Badeort außer seinem Glamour auch einige Jugendstilbauten in die Gegenwart retten können – und sogar einen guten Teil seines schattigen Pinienwalds.

Als einer der Geburtsorte glanzvollen norditalienischen Badelebens folgte Milano Marittima dem etwa hundertsiebzig Kilometer nördlich von hier gelegenen Lido di Venezia dicht auf dem Fuß. Wo sich heute dekorative Hotels erheben, gab es vor gut hundert Jahren nur dichten, duftenden Pinienwald; der Sand dahinter gehörte Möwen und Treibholz. Die Bewohner des Städtchens Cervia waren Fischer, Bauern oder arbeiteten in der Salzgewinnung. Kurz vor der Wende zum 20. Jahrhundert galt die Gegend als malariafrei, ungefähr zeitgleich wurde sie ans Eisenbahnnetz angeschlossen. Nun konnte man mit dem Zug von Cervia nach Ravenna gelangen, das wiederum an Rimini und Ferrara angebunden war – und umgekehrt. Plötzlich war dieser Abschnitt der Küste erreichbar. Die Nachricht von der Gründung der ersten Badeanstalt in Cervia im Jahr 1882 erreichte schließlich auch die Menschen in der fernen Großstadt. Eine Mailänder Familie schaute sich die Sache näher an und schloss 1907 einen Vertrag mit der Gemeinde zur Erschließung der Küste von Cervia ab. Villen und Parks sollten entstehen, um das Badeleben in Schwung zu bringen. Bald wurden die ersten Schneisen in den Wald geschlagen, ab 1912 die ersten Anwesen mit Gärten zwischen die Pinien gesetzt. Der Einfluss der englischen Idee der Gartenstadt auf den federführenden Stadtplaner Giuseppe Palantis sorgte dafür, dass neben Modernität und Komfort die Natur eine zentrale Rolle spielte. Sie sollte der Bebauung nicht weichen, sondern diese attraktiver gestalten. So fanden sich glückliche Urlauber in einer grünen Oase am Meer wieder. Ende der zwanziger Jahre konnte außer dem Großbürgertum auch eine gehobene Mittelschicht davon profitieren, da nun die ersten Hotels entstanden – das erste große war das 1926 eröffnete Mare Pineta, dessen Name den Standort treffend beschreibt und das heute mit dem größten Pool der Stadt, Privatstrand mit fünfzehn Quadratmetern Sichtschutzfläche pro Schirm, Tennisplätzen und fünf Sternen zu den exklusiveren Adressen zählt. Ein Name für die junge Sommerfrische war schnell gefunden: Mailand am Meer.

Die Villa Palanti im Stadtzentrum, erbaut als Wohnhaus Giuseppe Palantis, ist noch immer in Privatbesitz. Eine weitere Villa aus Gründertagen beheimatet heute das Eiscafé L'Ottocento. Milano Marittima bedeutet seit hundert Jahren Sommerglück, das heute kurz, prägnant und liebevoll zur Formel »MiMa« verkürzt wird. Im Lauf der Zeit ist die Saison immer länger geworden, zumal man hier schon im April angenehme Temperaturen und Spaziergänge an leeren Stränden genießen kann. Im Sommer ist es nicht immer leicht, sich der angenehmen Meeresbrise zu entziehen, um sich der Kultur zu widmen. Doch die Mühe lohnt sich. Denn Ravenna liegt nur gute zwanzig Kilometer von hier und es wäre grob fahrlässig, das Strandlager nicht für die in ihrer Farbpracht und Detailfreude unvergleichlichen, weltberühmten Mosaikdarstellungen von Menschen, Tieren, Heiligen und Ornamenten in der Basilika San Vitale und die frühchristlichen Kirchen, Taufkapellen und Mausoleen zu verlassen. Nicht umsonst haben sie der Stadt den Status eines UNESCO-Weltkulturerbes eingebracht.

In der Zeitspanne zwischen dem Ende der Antike und dem Mittelalter war Ravenna die Hauptstadt des weströmischen, oströmischen und byzantinischen Italiens. Zu den kleineren Wundern der auf Laguneninseln am südlichen Rand des Po-Deltas erbauten Stadt zählt die Tatsache, dass sie im Lauf der Jahrhunderte nicht auf ihrem Schutt in die Höhe gewachsen, sondern abgesackt ist. Der Boden der achteckigen Basilika San Vitale liegt so einen guten Meter tiefer als bei ihrer Fertigstellung. Die Adria, an deren Ufer sie einst lag, ist infolge von Verlandung heute neun Kilometer entfernt. Trotz gravierender geografischer Veränderungen und Ausnahmezuständen von der Eroberung durch die Langobarden im Jahr 751 bis zum Zweiten Weltkrieg, in dem Ravenna schwer bombardiert wurde, haben die Bauten und Mosaiken aus byzantinischer Zeit die Jahrhunderte relativ ungerührt überstanden. Sant'Apollinaire in Classe, einst die Kirche des Hafens, liegt zwei Kilometer außerhalb des Zentrums. Die übrigen sieben Monumente mit UNESCO-Siegel liegen dicht beieinander im Herzen der Altstadt und lassen sich, unterbrochen von einem stärkenden Mittagessen in einem der Restaurants, mit gutem Willen an einem Tag erkunden – auch wenn dann noch zahlreiche Kirchen und Museen bleiben, für die ein zweiter Tag gerade recht käme, und das heutige Ravenna mit der Shoppingmeile Via

Cavour und der Piazza del Popolo sogar einen dritten rechtfertigt. Die ältesten, gleichwohl hervorragend erhaltenen Mosaiken befinden sich im Mausoleum der im Jahr 450 in Rom verstorbenen und, da sich wenig im Leben planen lässt, am wenigsten der Tod, höchstwahrscheinlich auch dort bestatten Kaiserin Galla Placidia.

Einige der schönsten, darunter eine farbenprächtige Darstellung der Heiligen Drei Könige, sind in der dreischiffigen Kirche Sant'Apollinaire Nuovo zu sehen. Die von der Architektur des Oströmischen Reiches geprägte, ab 537 erbaute Kirche San Vitale besitzt ein prachtvolles Mosaik, das Jesus zwischen San Vitale, dem er die Märtyrerkrone reicht, und Bischof Ecclesius, der von einem Engel ein Modell der Kirche erhält, zeigt – mit einer Blumenwiese zu ihren Füßen, an denen sie Sandalen mit schmalen Riemen tragen. Aber auch Darstellungen des oströmischen Kaiserpaars Justinian und Theodora sind hier zu finden und weisen den Weg in die ferne Vergangenheit. Beide sind im Kreis ihrer Gefolge abgebildet. Theodora wird von prachtvoll gewandeten Damen begleitet und Justinian, flankiert vom Bischof, von ernst blickenden Herren mit den gleichen weißen Gewändern und völlig unterschiedlichen Gesichtern.

Theoderich der Große, König der Ostgoten, fand im Jahr 526 in einem eindrucksvollen Mausoleum mit einem Natursteindach mit elf Metern Durchmesser, das aus einem einzigen Monolithen aus Istrien gemeißelt wurde, seine letzte, gut beschirmte Ruhe. Auch wenn es später ruhiger wurde in Ravenna, blieb Theoderich nicht der einzige Prominente, der hier bestattet wurde. Auch der weltberühmte Dichter Dante Alighieri, der knapp achthundert Jahre später das Zeitliche segnete, hat in einem Kapellchen an der Außenmauer des Kreuzgangs des einstigen Klosters San Francesco ein zwar bescheideneres, aber dennoch ansehnliches Grabmal erhalten.

Geboren wurde der Dichter, Philosoph, Politiker und Autor der unsterblichen »Göttlichen Komödie« im Frühsommer des Jahres 1265 in Florenz. Mit seiner Frau Gemma hatte er vier Kinder: Pietro, Giovanni und Jacopo sowie Tochter Antonia. Alles schien bestens, bis er sich in den Auseinandersetzungen zwischen den aus den Parteien der Guelfen und Ghibellinen hervorgegangenen Splittergruppen verhedderte, 1302 in Abwesenheit des politischen Betrugs bezichtigt und für zwei Jahre verbannt wurde. Auch eine Geldstrafe brummte man ihm auf. Als er das Urteil nicht anerkannte, stellte man ihm für den Fall seiner Rückkehr den Tod auf dem Scheiterhaufen in Aussicht. Vor diesem Hintergrund hielt Dante es für ratsam, nie mehr einen Fuß nach Florenz zu setzen – auch nicht, als man ihm 1315 gegen Bußgeld und öffentliche Entschuldigung eine Begnadigung anbot. Die Gattin blieb am Arno, die Söhne mussten als Teenager ebenfalls ins Exil.

In seinem bewegten Leben war Dante nicht nur viel unterwegs – die Söhne meist im Schlepp –, er schrieb mit der »Göttlichen Komödie« auch das erste große Versepos in (alt-)italienischer Sprache. Man möchte wünschen, dass er ab und zu die Muße fand, bei einem Glas Wein die Landschaften zu genießen, die er bei den Stationen seines Exils kennenlernte. Schließlich baute sein Sohn Pietro Alighieri, der das Valpolicella aus den Veroneser Jahren des Exils kannte, unweit des Gardasees ein Haus und Weingut, das noch heute die Heimat seiner Nachfahren in einundzwanzigster und zweiundzwanzigster Generation ist.

Dante lebte unter anderem in Verona, Treviso und Ravenna, wo er am 14. September 1321 starb, nachdem er während einer Venedigreise wahrscheinlich an Malaria erkrankt war. In dem Grabmal befinden sich seine sterblichen Überreste, denen ein ähnlich rastloses Schicksal beschieden war wie dem lebenden Dante. Im frühen 16. Jahrhundert versuchten reuige Florentiner, seiner Gebeine – mit Segen des Papstes Leo X. – habhaft zu werden und sie in Florenz zu bestatten. Doch wachsame Mönche versteckten sie im Kreuzgang, wo sie bis zum 17. Jahrhundert blieben – seit 1677 würdevoll in einem Schrein bewahrt. Erst 1865 wurden sie wiedergefunden und in dem bereits 1780 an der Stelle des ursprünglichen Grabs erbauten Gedächtnistempel beigesetzt, vor dem sich noch heute Dante-Fans versammeln. Das ist deutlich mehr Dante, als Florenz für sich in Anspruch nehmen kann. Denn das Geburtshaus des Dichters hat nicht überdauert; Besucher müssen sich am Arno mit einem Denkmal auf der Piazza Santa Croce und dem Museum Casa di Dante in einem Bau im Stil der Zeit begnügen. Florenz übt sich daher in Demut. Jedes Jahr bringt eine Delegation am zweiten Sonntag im September ein Kännchen Olivenöl nach Ravenna, mit dem eine Fackel am Grab befeuert wird. Am selben Tag gedenkt auch Ravenna des Asylanten. Zudem widmet die Stadt ihm jedes Jahr über mehrere Monate Lesungen und Darbietungen. In Milano Marittima ehrt man den Dichter als Namenspatron für Hotels, Cafés und die von Pinien beschattete Viale Dante.

Das Bad der Frauen

Zwei Schwestern und ihre beste Freundin sind die ersten weiblichen Strandbadbetreiber im ewig jungen Rimini

Wie ein Herz war der Stein geformt, den die Schwestern Katia und Rossella Nobili und ihre beste Freundin Barbara Fratti vor fünf Jahren an einem Strand in der italienischen Region Marken fanden. Der Fund schien ihnen ein Zeichen zu sein. Sie malten die Anfangsbuchstaben ihrer Namen darauf und besiegelten damit ihr Vorhaben: Eines Tages würden sie zusammen etwas auf die Beine stellen. Nicht nur zum Zelten ans Meer fahren, wie sie es immer schon gemacht hatten, miteinander und mit ihren Kindern. Sondern zusammen arbeiten und etwas aufbauen. Sie nahmen den Stein mit nach Hause.

»Wir haben ihn immer noch, er ist wertvoll wie ein Diamant«, sagt Katia Nobili. Glück gebracht hat er außerdem. Seit dem Frühjahr 2020 betreiben Barbara und Katia, beide Jahrgang 1969, und Rossella, Jahrgang 1963, alle drei aus Rimini stammend, das Strandbad 17. Es ist der einzige von Frauen betriebene *bagno* der Stadt, die mit fünfzehn Kilometern Strand, insgesamt zweiundfünfzig Strandbädern und lebhaftem Nachtleben für adriatische Badefreuden steht wie kaum eine andere – obwohl sie auch römische Mauern und Stadttore, ein romantisches mittelalterliches Zentrum, einen großen Hafen und ein fabelhaftes Fellini-Museum besitzt. Denn auch der legendäre Regisseur war ein Sohn der Stadt.

Eigentlich gab es bereits einen männlichen Interessenten für den unweit des Fellini-Parks gelegenen Bagno 17. Doch dann kam die Covid-19-Pandemie. Niemand wusste, ob und in welcher Form die Strandbäder im Sommer 2020 öffnen würden: mit achtzehn oder fünfzehn Metern Abstand zwischen den Liegen, die womöglich zusätzlich mit Plexiglasscheiben voneinander getrennt werden müssten? Würde da überhaupt jemand kommen? Der potenzielle Pächter bekam kalte Füße und machte einen Rückzieher. Katia, Rossella und Barbara hörten davon. »Unsere Freunde erklärten uns für verrückt«, sagt Barbara. Die Ehemänner machten besorgte Gesichter. Die Frauen zerstreuten die Zweifel. So eine Gelegenheit! Und dann noch am Meer, das sie schon immer so liebten! Sie schlugen zu.

Völlig branchenfremd waren sie nicht; beide Schwestern führen jeweils ein eigenes Fitnessstudio in Rimini, Barbara betreut als private Babysitterin Kinder. Bei der Arbeit im *bagno* würden sich sowohl der Sport als auch pädagogische und kommunikative Fähigkeiten als nützlich erweisen. Auch der Winter ließ sich durch die berufliche Zweigleisigkeit planen, denn wenn – je nach Wetterverhältnissen – die Badesaison Ende

September oder Anfang Oktober endete, würden alle drei in ihre angestammten Tätigkeiten zurückkehren. Doch wichtiger war fortan der Sommer. Die eigenen Kinder, die gerade an die Uni wechselten oder bereits studierten, halfen in den Ferien und an den Wochenenden; das änderte sich auch in den folgenden Jahren nicht. Barbaras Tochter Sara arbeitet während der Semesterferien acht Stunden täglich mit, Sohn Nicola hilft ebenso wie Katias Tochter Marika am Wochenende. Katias Sohn hat als angehender Mediziner viel mit dem Studium um die Ohren und ist nur gelegentlich dabei.

Trotz zuverlässiger familiärer Unterstützung brachte die erste Saison manchen unvorhergesehenen Moment. Zunächst für Rimini, denn die drei Frauen traten nicht nur als erste *bagnine* der Stadt in Erscheinung, sie stellten ihre Liegen mit Meerblick auf. Das ist zwar vielerorts an der italienischen Adria üblich und erscheint auch durchaus logisch; in allen anderen Strandbädern Riminis aber stehen sie seit jeher parallel zum Wasser. Die Kollegen schüttelten die Köpfe.

»Traditionell sind die Badebetriebe ein reines Männergeschäft«, sagt Claudia Valentini, Sprecherin des Tourismusverbands der Emilia-Romagna in Rimini. »Manchmal ist es ein Paar, das ein Strandbad betreibt, aber ganz überwiegend sind es Männer.« Das liege auch daran, dass die Stadt auf die längste Badetradition im Land verweisen kann: Das erste Strandbad Italiens eröffnete

1843 in Rimini. Das Bild einer Frau, die Schirme schleppt und Badegäste betreut, war Mitte des 19. Jahrhunderts nicht nur an der Adria jenseits jeder Vorstellungskraft. Seit den Gründertagen herrschen so die *bagnini* über ihre Strandabschnitte, und junge Kräfte erheben das Auf- und Zusammenklappen der Liegen noch heute gerne zur Choreografie, die Badegästen Gelegenheit bietet, die Augen auf ihren muskulösen Oberkörpern ruhen zu lassen. So ist kaum verwunderlich, dass der *bagnino* in der Hierarchie italienischen Badelebens gleich auf den *salvataggio* folgt, den nicht weniger gestählten, sonnengebräunten Rettungsschwimmer, der auf seinem Hochsitz am Wasser oder in seinem Boot über das Geschehen am und im Meer wacht.

Nicht nur für Urlauber haben die *bagni* besondere Bedeutung, sondern auch für die einheimische Bevölkerung. Zwar darf wie überall in Italien jeder sein Handtuch am Spülsaum ausbreiten, ohne dafür etwas bezahlen zu müssen. Wer aber die Errungenschaften zivilisierten italienischen Badelebens nutzen will – Duschen, Umkleidekabinen, sanitäre Einrichtungen, Spiel- und Sportplätze, Liegen und Sonnenschirme, oft auch ein Restaurant oder eine Bar –, muss sich in einem *bagno* einmieten, ob für einen Tag oder den ganzen Sommer. Es gibt Strandbäder für Sportfans wie Riminis Bagno 26, für die LGBTQ-Community wie Bagno 27, Bäder für Familien mit viel Animation für die *bambini* und sogar ein Strandbad für Hundebesitzer. So ist es leicht, ein Bad fürs Leben oder zumindest einen Lebensabschnitt zu finden, und für viele Bewohner Riminis und der Umgebung ist der *bagno* ihrer Wahl ein erweitertes Wohnzimmer für den Sommer. Die einzige Gefahr für diesen wichtigen Bestandteil italienischen Sommerglücks stellt eine Direktive dar, die schon im Jahr 2006 von der EU erlassen wurde. Ihr zufolge müssen Dienstleistungen, unter die auch die Strandbäder fallen, ausgeschrieben werden, anstatt sie, wie im Fall italienischer Badebetriebe üblich, von einer Generation an die nächste weiterzugeben. Die Regierung unter Ministerpräsidentin Giorgia Meloni ist angehalten, die Regel endlich umzusetzen und die Vergabe von Strandbädern öffentlich auszuschreiben. Nicht nur Betreiber, die im Lauf der Zeit viel Geld in ihre Bäder investiert haben, fürchten dramatisch steigende Pachtpreise.

In Rimini investierte zuletzt die Stadt, um das Strandleben attraktiv und zeitgemäß zu gestalten. So wurde die Uferstraße während der Pandemie in den Parco del Mare umgewandelt, eine breite Zone für Fußgänger, Radler und E-Roller-Fahrer. Ihre Architektur erinnert an den tropischen Schwung Oscar Niemeyers. Mit mediterraner Bepflanzung, Spiel- und Turnbereichen bildet der Parco del Mare – voller Stolz auch »Sea Wellness Park« genannt – ein dekoratives Bindeglied zwischen Stadt und Meer. Mit mittlerweile hundertvierunddreißig Kilometern Radwegen hat man außerdem versucht, den Autoverkehr in der Stadt zu drosseln.

Der durchaus aufgeschlossenen Geisteshaltung der Stadt zum Trotz machten Barbara, Katia und Rossella bei ihrer ersten Teilnahme an der Versammlung der Strandbadbetreiber Riminis eine ähnliche Erfahrung wie EU-Kommissionspräsidentin Ursula von der Leyen, als sie beim Treffen von EU-Spitzenpolitikern in Ankara keinen Sessel neben dem türkischen Staatschef bekam, sondern aufs Sofa am Rand des Geschehens verwiesen wurde. Jeder Platz war besetzt, die drei *bagnine* mussten hinten im Saal stehen. Obwohl die Bewohner der Romagna als traditionell und konservativ gesinnt gelten, war dies womöglich vor allem der Verblüffung der Kollegen geschuldet. Dennoch: »Wir müssen uns bei den Versammlungen durchsetzen, weil alle anderen Teilnehmer Männer sind«, sagt Katia. Einige kommen aus Familien, deren Männer seit Generationen das Strandbad betreiben. Da kommt schnell das Argument auf den Tisch, man habe die Dinge schon immer so gehandhabt und beabsichtige, dies auch weiterhin zu tun. Einige Kollegen mussten sich erst daran gewöhnen, den Frauen bei Diskussionen überhaupt zuzuhören, und mancher, der sein traditionelles Frauenbild schätzt, reagierte verunsichert auf den Auftritt der drei Frauen, die ihre Meinung klar zum Ausdruck brachten.

»Einige fragten uns ganz direkt, ob wir der Arbeit physisch gewachsen seien«, erzählt Katia.

Anstrengend sei es anfangs selbst für die drei ausgesprochen sportlichen Frauen tatsächlich gewesen. Auch wenn ihr *bagno* mit hundertfünfzig Sonnenschirmen und maximal vierhundert Liegen nicht zu den größten in Rimini gehört, mussten sie die neuen Abläufe lernen und dazu täglich jede Menge Strandmöbel durch tiefen, heißen Sand schleppen. »Ganz am Anfang habe ich einmal eine Liege getragen und bin gestolpert – das war natürlich wahnsinnig peinlich, und alle guckten«, erzählt Barbara. Doch Kondition und Technik entwickelten sich sozusagen im Gleichschritt. Dennoch ist die Arbeit mit dem durchaus schweißtreibenden Auf- und Abbauen des Strandmobiliars nicht getan. Barbara, Katia und Rossella bieten Wassergymnastik, Strandlaufen, Yoga, Meditation zur Sonnenwende und Fitnesstraining an. Sie organisieren für ihre Gäste Themenabende mit Beachvolleyball, Strandtennis, Musik und Essen, am Wochenende halten sie Kaffee, Kuchen und Wassermelone bereit. Das bedeutet lange Tage bei wochenlang gleichbleibend heißen Temperaturen. Und nicht jeder Gast ist bei der Aussicht auf einen Tag am Meer tiefenentspannt. »Gelegentlich brauchen wir auch viel Geduld«, sagt Barbara. Den drei Frauen macht es nichts. Katia: »Wir helfen einander, lachen viel und haben einfach Spaß.«

Lasst ab vom Strand

Federico Fellini, der große Sohn Riminis, hat in seiner Heimat ein multimediales Museum erhalten. Tatsächlich ist die ganze Stadt eine Fellini-Gedenkstätte

Nur zehn Fahrradminuten trennen Altstadt und Strände Riminis voneinander. Für viele Urlauber bleiben die zwei Kilometer zwischen den Angelpunkten der Stadt dennoch unüberwindlich. Womöglich wurde das Fellini-Museum im Sommer 2021 auch eröffnet, um besonders hartnäckige Sonnenanbeter von ihren Liegen zu locken. Denn es macht einen Besuch des historischen Zentrums der ewig jungen Stadt noch dringlicher als zuvor. Das Castel Sismondo aus dem 15. Jahrhundert, das in Fellinis Jugendtagen noch als städtisches Gefängnis diente, ist Standort der multimedialen Ausstellung über Fellinis Leben und Werk; als Dependance fungiert der Fulgor-Palast mit dem legendären Kino, in dem der junge Federico erstmals Macht und Zauber des bewegten Bildes erfuhr. Am 20. Januar 1920 in Rimini geboren, entdeckte er in diesem prachtvollen Jugendstilkino eine Leidenschaft fürs Kino, die nicht nur sein Leben prägen, sondern das ganze Medium beeinflussen sollte. Doch auch Hafen, Strände und das von ihm besonders geschätzte Grand Hotel sind eng mit Leben und Werk des bedeutenden Filmemachers verbunden. In der Nähe der neu gestalteten Strandpromenade tragen mehrere Straßen in Anerkennung dieser Tatsache die Namen von Fellini-Filmen: »Via La Dolce Vita« und »Via 8 1/2« heißen sie etwa und zollen so Großwerken des Regisseurs und Drehbuchautors Tribut.

In der tausendsechshundertfünfzig Quadratmeter großen Ausstellung im Castel Sismondo führen Filmausschnitte, Kostüme und Bühnenbilder in die cineastische Welt Fellinis. Zeichnungen, die er als Skizzen für Kulissen und Drehs verwendete, aber auch zum privaten Vergnügen anfertigte, zeugen von seiner Doppelbegabung im Erschaffen von Bildern, bewegten wie statischen. Das Vergnügen ging nahtlos ins Therapeutische über: Anfang der sechziger Jahre lernte er den deutschen Psychoanalytiker Ernst Bernhard kennen und begann auf dessen Anregungen, seine Träume aufzuzeichnen. Diesem Traumtagebuch ist ein gläserner Schrein gewidmet.

Auf Set-Klappstühlen mit den Namen, aus denen italienische Leinwandträume sind – Mastroianni, Masina, Ekberg und natürlich Fellini –, dürfen die Besucher Platz nehmen und mittels der Leinwände vor ihnen in die Gedankenwelt des Regisseurs tauchen: »Die Rollläden herabgelassen, die Hotels geschlossen, eine große Stille und das Geräusch des Meeres«, so wird Fellini zitiert. Das winterliche Rimini erscheint, der menschenleere Strand, dazu ertönt die Stimme des mehrfachen Oscar-Preisträgers, und auf Leinwänden sind Strandszenen seiner Filme projiziert. Keine Szene drehte Fellini in Rimini, dennoch sind seine Filme angefüllt mit Bildern, die er seit frühester Kindheit aufgesogen hatte. Vier Installationen sind dem Meer in Rimini gewidmet, das Fellini besonders im Winter – ohne Trubel, ohne Schirme – faszinierte. Die Besucher flanieren an ihnen vorüber wie auf einem Pier und werden somit nachdrücklich an die Bedeutung der Stadt am Meer für den Regisseur erinnert. Die überlebensgroß hingestreckte Figur der Anita Ekberg, Star aus »La Dolce Vita«, im schwarzen Kleid nimmt einen ganzen Raum ein. Auch der Musik der Filme ist ein Raum gewidmet. In der kleinen Bibliothek am Schluss der Reise in die Hoch-Zeit des europäischen Kinos können deutschsprachige Besucher die Drehbücher zu Fellinis Filmen sogar in ihrer Muttersprache lesen.

Auch die Piazza Malatesta vor dem Kastell ist Fellini gewidmet, Wasserspiele und ein Rund, das an eine Zirkusmanege erinnert, sollen hier die Fantasie der Menschen ankurbeln wie ein Film von Fellini. Tafeln auf dem Boden erinnern an den Regisseur und seine Lieblingsschauspieler. Vier seiner Arbeiten wurden als bester fremdsprachiger Film mit einem Oscar geehrt: 1957 »Das Lied der Straße«, 1958 »Die Nächte der Cabiria«, 1963 »Achteinhalb« und 1975 »Amarcord«, mit dem er Rimini ein Denkmal setzte. Diese Zahl bedeutet noch immer einen Rekord. 1993 erhielt er schließlich noch einen Ehren-Oscar für sein Lebenswerk. Marcello Mastroianni und Sophia Loren übergaben ihm den Preis. Im selben Jahr starb Fellini am 31. Oktober in Rom. Seine letzte Ruhe fand er aber in seiner Heimatstadt Rimini.

Bis auf manches Geschäft sehen die Straßen der Altstadt noch aus, wie Fellini sie als Kind gekannt haben dürfte, und es ist schön, sich nach dem Besuch der Burg in ihnen treiben zu lassen. Auch das Cinema Fulgor wurde über die Zeit gerettet und ist noch immer ein bildschönes, nostalgisches Kino – und eine perfekte Rampe für eine Zeitreise in die Mitte des 20. Jahrhunderts. »Für mich war es klar, dass meine erste Ausstellung sich mit Fellini und dem Cinema Fulgor beschäftigen würde«, erklärt Gianfranco Miro Gori, Gründer des Filmarchivs Riminis. »Aber tatsächlich war ganz Rimini die Bühne für seine Kreativität.« Für ihn sind Fellinis Leinwandgeschichten unendlich faszinierend, Berufung und Beruf; zwei Bücher hat er über den Regisseur und über Rimini im Film geschrieben. Vom ersten Tag an leitete der Filmliebhaber und -experte die Cineteca der Stadt, in ihrem Zentrum steht – natürlich – Fellini.

In San Giuliano, Riminis romantischstem Viertel auf der nördlichen Seite des Hafenkanals, leben Fellinis Schöpfungen weiter – auf Hauswänden, wo ein überlebensgroßes Bild Marcello Mastroianni und Anita Ekberg in »La Dolce Vita« zeigt, ein anderes den Meister selbst. Die Ponte di Tiberio verbindet das historische Herz der Stadt mit dem zwischen Kanal und dem Fluss Marecchia gelegene Fischerviertel. Dieser siebzig Kilometer lange Fluss, der zur Zeit der Römer Ariminus hieß, gab der Stadt einst ihren Namen; damals floss er durchs Zentrum der Stadt, wo heute mit dem Hafenkanal ein älterer Teil von ihm überdauert hat. Im Viertel Rivabella mündet er, breiter und etwas träge geworden, in die Adria. Am Abend ist San Giuliano erfüllt vom Geplauder der Menschen, die durch die engen Gassen flanieren und in Grüppchen vor mit Blumenkästen geschmückten Häusern beieinanderstehen. Kinder sausen umher, die Tische vor Bars und *osterie* sind voll besetzt. Die Ponte della Resistenza führt zurück auf den Radweg und von dort zum Leuchtturm und den Stränden. Hier liegen das strahlend weiße elegante Grand Hotel, von Fellini in »Amarcord« liebevoll als »alte Dame« bezeichnet, und gleich dahinter ein nach ihm benannter Park. Nostalgie und Glamour verbinden sich in dem 1908 eröffneten Jugendstilbau zu einer noch immer filmreifen Kulisse – schärfer könnte der Kontrast zur Trutzburg in der Altstadt mit dem Museum darin kaum sein. Zahlreiche Fotos von Fellini in den öffentlichen Bereichen des Hauses beweisen, dass seine Liebe zum Grand Hotel bis heute erwidert wird.